自分で結ぶ

結んであげる

10分でキレイに結ぶ

帯結びの基本

はじめに

「きものを着て、帯板をつけた状態で、あなたの胴まわりは何センチありますか？」

時間をかけずに、ささっと帯を結んで、しかもキレイに仕上げる。


これが本書のテーマです。

そのためには、どうするか。

まずは、あなたの胴まわりを測ることからスタートしましょう。

ここでは名古屋帯、袋帯、半幅帯を中心に紹介しますが、
それぞれの帯の長さは、おおよそ決まっています。

それに対して、胴まわりのサイズはみな違います。

細めの人、普通の人、太めの人が、同じ長さの帯を巻くとどうなるでしょうか。

前帯の柄が全く同じ位置にくることは、ほぼありません。

帯結びでは、前帯に出る柄の位置は重要なポイントなので、
自分の体型に合わせて、前帯の柄の位置をあらかじめ決めておけば、もう怖いものなし。

一巻き目、二巻き目の位置に、印をつけておくのもおすすめです。

そうした下準備を入念にしておくことで、あっという間に帯が結べます。

そして、美しく仕上げるには、くり返し練習すること。

「キレイな10分帯結び」は、〝下準備〟と〝やる気〟が決め手です。

CONTENTS

＊本文中のきものや帯、小物などの商品については、壱の蔵 青山サロンへお問い合わせください。

Webショップでもご覧いただけます。
http://ichinokura.info

帯の各部の名称

細長い帯には、各部に帯独特の名前がついています。ここでは一般的な一重太鼓を例に紹介しますが、袋帯、名古屋帯、半幅帯、角帯、兵児帯など、すべての帯に共通するのが、「て」と「たれ」です。帯を結んでいく手順のなかでも度々登場しますが、どちらも帯の先端の部分を指す名称です。

前帯の部分
たれ
帯の形を作るほうの部分。袋帯や名古屋帯は、界切線やお太鼓の柄のほうがたれになる。
たれ先
お太鼓の部分

お太鼓の山
お太鼓
お太鼓の下線
（お太鼓の決め線）
たれ先

て

たれの反対がてで、「手掛け」ともよばれる。
帯を巻くときには、このてから巻いていく。

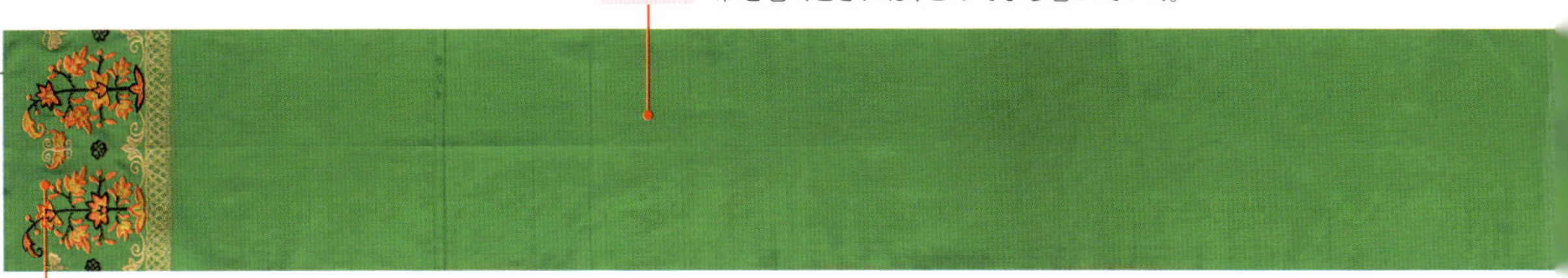

て先

胴に二巻きする部分

帯揚げ

前帯

帯締め

帯揚げをかぶせた帯枕

て

帯締め

帯の種類

きものに使われている帯の多くは、昔から用いられてきたものです。ただ、時代とともに帯の幅や長さは微妙に変化してきました。現代のきものに使用されている代表的な帯とその特徴を紹介します。

名古屋帯（なごやおび）

紬や小紋のお洒落着用の帯

幅広く活用されている名古屋帯には、帯幅の違いによって九寸と八寸の2種類があります。

九寸名古屋帯

仕立てる前の帯幅が9寸（約34センチ）で、単に「名古屋帯」といえば、この九寸名古屋帯のことを指します。仕立てる前の長さは1丈2尺5寸（約4メートル73センチ）で、たれ先から3尺（約114センチ）ほど折り返してお太鼓の部分を仕立てます。残りの胴に巻く部分（て）は、名古屋仕立て、松葉仕立て、額縁仕立て（開き仕立て、鏡仕立てともいう）の3種類の仕立て方があり、どれにするかはお好みです。

染めと織りの両方があり、金糸銀糸を使っている華やかなものは、色無地や付け下げに合わせて準礼装にも使えます。

八寸名古屋帯

帯幅が8寸（約30センチ）あることから、通称「八寸」とよばれ、どちらかというと染めよりも織り帯が主流です。またの名を「袋名古屋帯」ともいいますが、袋という名前はついていても、実際には袋状ではなく、帯芯を入れない一枚仕立ての帯です。

八寸の場合も九寸と同様に、たれ先から3尺（約114センチ）を折り返して両端をかがってお太鼓の部分にします。このとき、帯の両端をかがらずに仕立てる方法（トンネルかがり）もあり、結んだときにお太鼓の部分が二重に見えることから、袋という名前がついたのかもしれません。胴に巻く部分は、開き仕立て（裏布は当てない）や松葉仕立てが一般的です。

名古屋仕立て

胴に巻く部分を半幅に折って、帯芯を入れて仕立てたもの。もっとも一般的な名古屋帯の仕立て方で、最初から帯幅が半幅になっているため、結びやすい。

名古屋帯を使ったもっとも基本的な結び方は、一重太鼓。
＊結び方は36ページ

九寸名古屋帯と八寸名古屋帯は、どちらも帯地を巻いた状態で市販されている。九寸名古屋帯の帯幅は、仕立てると八寸幅に近くなる。

額縁《がくぶち》仕立て

胴に巻く部分を半幅にせずに、全部開いて仕立てたもの。帯の裏は、帯芯がそのまま見えているものもあるが、締めるときに帯幅を自由に変えられるのが特徴。写真の帯は帯芯の上に別布を縫い付けてある。

松葉《まつば》仕立て

胴に巻き始めるての先端（て先）を少しだけ半幅に仕立てたもの。こうすることで、帯結びの際に、て先の扱いが楽になる。形が松葉に似ていることから、名付けられた。

袋帯（ふくろおび）

格調高い柄のフォーマル帯が基本

明治時代以降に、丸帯（15ページ）に代わる帯として考案された袋帯は、今ではすっかりフォーマル用の帯として定着しました。

　仕立てたときに、表も裏も同じ模様のある丸帯と違って、袋帯は表地だけに金糸銀糸や色糸を使った織り模様があり、裏は無地か地模様が基本です。仕立て方は、本袋、かがり袋、縫い袋の3種類がありますが、帯の構造はいずれも同じです。

　袋帯は両端のどちらかに1〜2本の線が織り出されていますが、これを界切《かいきり》線、織り出し線、オランダ線などとよびます。本体とは別に余分に織ってあり、この線のある側がたれ先になります。

　袋帯の幅は約8寸2分（約31センチ）で、長さは1丈1尺1寸（約4メートル20センチ）以上。この長さがあると、二重太鼓のほかにさまざまな創作結びができます。

　金糸銀糸をふんだんに用いた袋帯は、礼装用、準礼装用の振袖、留袖、訪問着、付け下げ、色無地などに結びます。

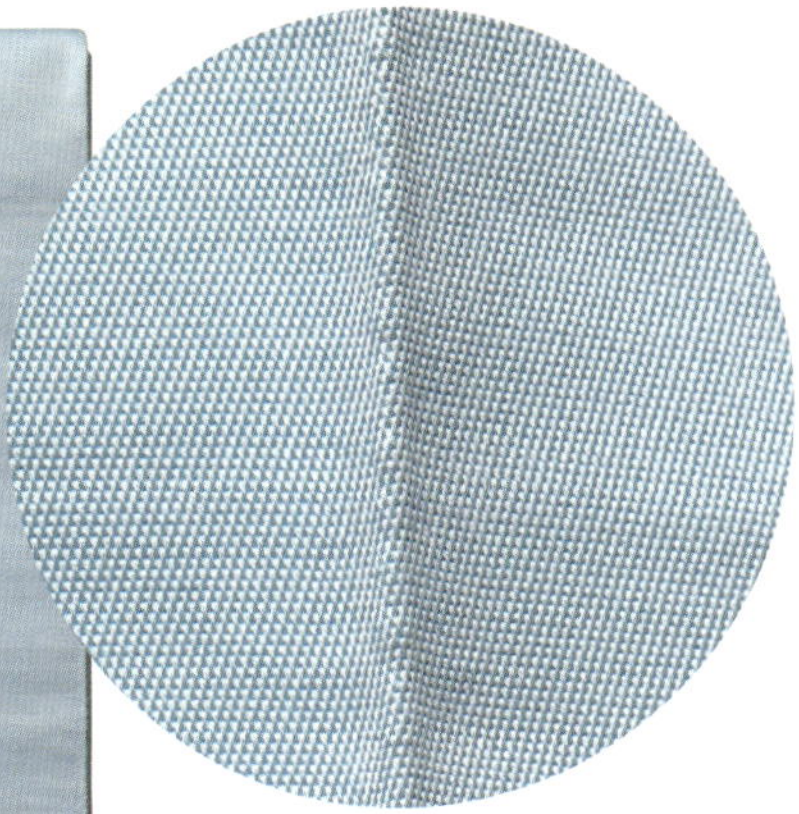

本袋《ほんぶくろ》

もともと袋帯は、縫い目をなくすために袋状に織られたことから、袋帯と名付けられた。今ではこの織り方は希少になったため、本来の織り方のものを「本袋」とよぶ。

洒落袋《しゃれぶくろ》

金糸銀糸を使った豪華な袋帯に対して、金糸銀糸が少ないもの、あるいは色糸だけで織った袋帯を、「洒落袋」と区別してよんでいる。フォーマル用ではなく、小紋や紬にも締められる。形状や大きさは、通常の袋帯と全く同じ。写真は染めの袋帯。

かがり袋

表と裏を別々に織り、両端をかがって仕立てたもの。両端に縫い目が見えている。

縫い袋

表と裏を別々に織り、中表にして縫ってから表に返したもの。現在の袋帯はこの仕立て方が主流になっている。

袋帯の帯結びの定番は、お太鼓の部分が二重になった二重太鼓。
＊二重太鼓の結び方は60ページ。

半幅帯は、名古屋帯や袋帯と違って、てとたれが決まっていない。左右どちらでもよいので、自分でてとたれを決めて、結んでいく。

半幅帯（はんはばおび）
もっとも一般的な細帯

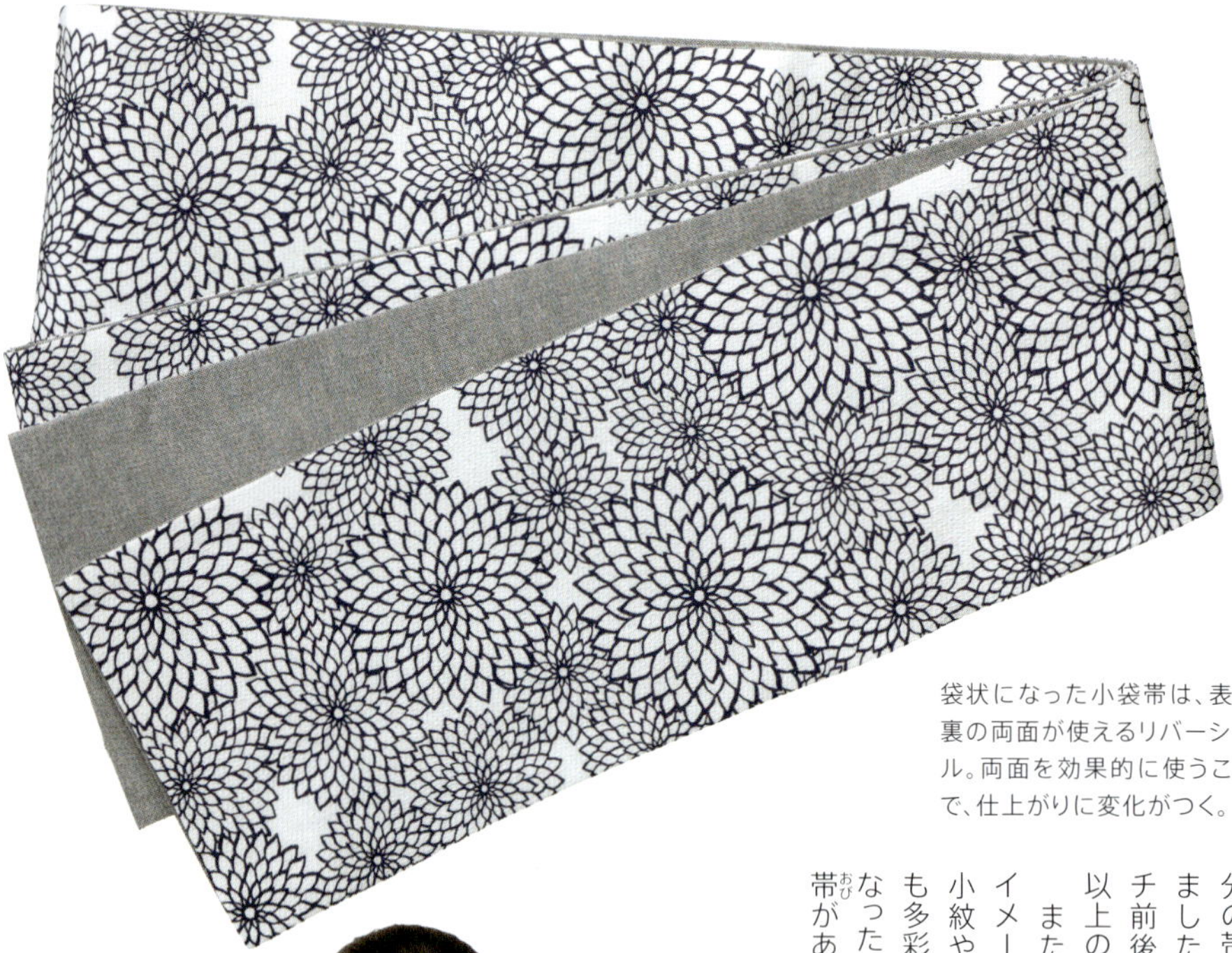

袋状になった小袋帯は、表と裏の両面が使えるリバーシブル。両面を効果的に使うことで、仕上がりに変化がつく。

一般的に8寸（約30センチ）幅以下の帯を、細帯といいます。現在作られている細帯のなかで、もっとも活用されているのが、4寸幅（約15・2センチ）の半幅帯です。8寸幅を標準とする習慣から、その半分の帯を「半幅」とよぶようになりました。長さは3メートル80センチ前後が主流ですが、4メートル以上のものもあります。

また、半幅帯は浴衣の帯というイメージが強いのですが、最近は小紋や紬に結ぶ人も多く、帯結びも多彩です。帯の仕立ては、袋状になった小《こ》袋《ぶくろ》帯《おび》と、一枚仕立ての単《ひとえ》帯《おび》があります。

羽根を何枚も重ねて華やかさを演出。
＊結び方は98ページ。

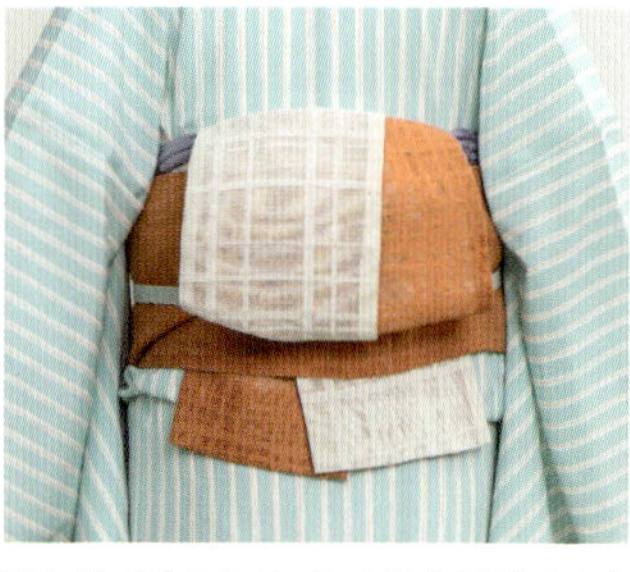

帯を並べることで、八寸名古屋帯のようにアレンジした半幅帯結び。
＊結び方は102ページ。

角帯を使った男性の帯結びの代表は、貝の口結び。
＊結び方は124ページ。

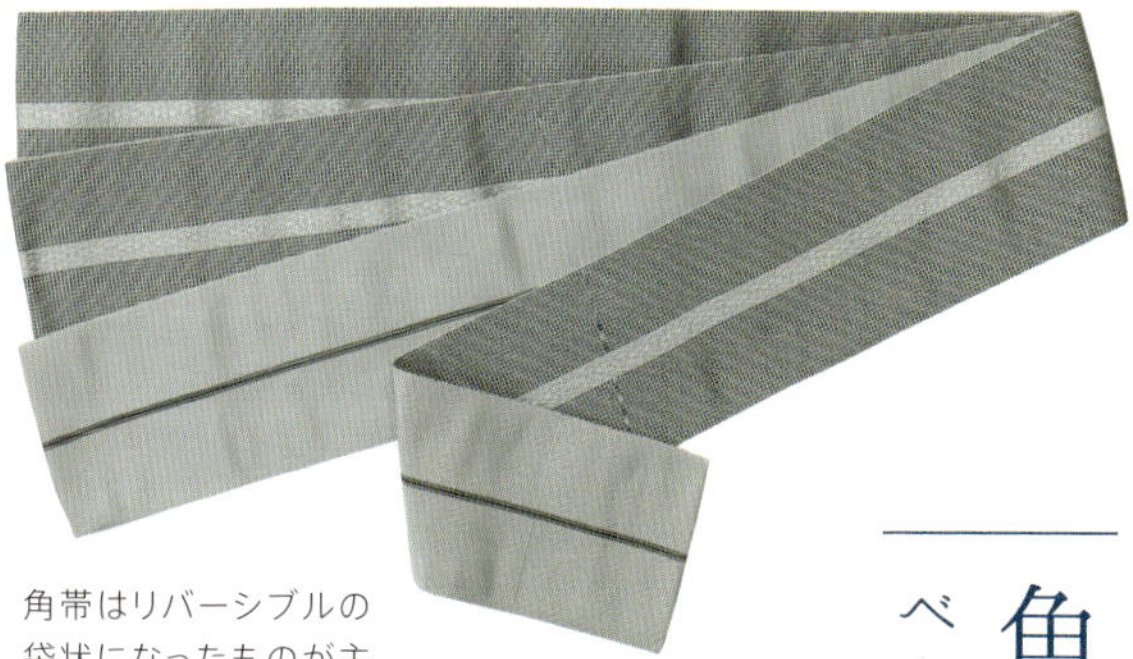

角帯はリバーシブルの袋状になったものが主流だが、単帯もある。

角帯（かくおび）

ベーシックな男性用の帯

幅は8から10センチ、長さは4メートル前後の男性用の定番帯です。浴衣から紬、御《お》召《めし》、紋付きまで対応できる万能帯でもあります。

角帯を購入した際、端に房がついていたり、切り落としたままの状態だった場合は、内側に折り込んでから使用します。最近は、両端に紐がついた結びやすい帯（120ページ）も登場しています。

女性用の兵児帯は、色、柄、素材とも豊富。張りのある素材は、半幅帯と同じ感覚で使える。

兵児帯（へこおび）

ボリュームのある布状の帯

男性用の総絞りの絹製兵児帯。伸縮性があるので、きもの初心者にも扱いやすい。

兵児帯は布の端をかがっただけの帯で、もともとは男性や子ども用の普段使いの帯でした。ここ数年は、女性の浴衣やカジュアルきものの帯としても注目され、さまざまなデザインや素材が登場しています。柔らかい布状のものが主流で、帯幅を自由にアレンジでき、何より簡単に結べるのが魅力です。

六通柄

帯の6割に柄がついているもの。現在市販されている袋帯の多くは、この六通柄。柄のない無地（この帯の場合は黒地）の部分は、一巻き目になる。

お太鼓柄

お太鼓の部分と前帯の部分だけに柄がついたもので、名古屋帯に多く見られる。写真は染めと刺繍の袋帯。

帯の柄付け「六通柄《ろくつうがら》」「全通柄《ぜんつうがら》」「お太鼓柄《たいこがら》」が主流

江戸時代にはさまざまな帯結びが流行りました。当時は、帯の柄が総柄（全通）だったために、自由に結ぶことができたからかもしれません。つまり、どんな結び方をしても、柄が表に出てくるというわけです。

江戸時代末期になると、お太鼓結びが考案され、明治時代以降はこの結び方をする女性が多くなりました。すると、前帯とお太鼓の部分だけに柄をつけた効率のよいお太鼓柄が生み出され、市販されるようになったのです。今でもお太鼓柄は、名古屋帯に多く見られます。

一方、六通柄は、袋帯が考案された後に登場します。胴に巻く一巻き目は隠れてしまうので、柄がなくてもよいという合理的な発想から生まれたものでしょう。

ここで紹介した帯の柄付け、「六通柄」「全通柄」「お太鼓柄」というよび名は、染め、織りに関係なく、袋帯、名古屋帯、袋名古屋帯に共通して用いられますが、写真の帯は全て袋帯です。また、半幅帯の場合は無地や総柄が一般的です。

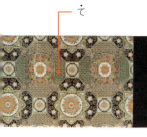

全通柄

帯の全体に柄がついているもので、総柄ともいう。基本的に、六通柄に比べると価格は高い。界切線の側が、たれになる。

丸帯（まるおび）表と裏が同じ柄の豪華な帯

幅広の帯地で仕立てる丸帯は、仕立てる前の帯幅は1尺8寸5分（約70センチ）、長さ1丈1尺5寸（約4メートル36センチ）以上。この幅を半分に折って縫うと、表も裏も同じ柄になります。

江戸時代半ばに、女性の髪型が大きくなり、バランスをとるために、正装用の帯の幅や帯結びが大きくなったといわれています。華やかな丸帯は、戦前までは正装用の帯として活躍しましたが、和装の軽装化とともに需要が減り、現在は舞妓や婚礼用の帯として活用されています。

アンティーク店で求めたり、譲られた丸帯がある場合は、振袖や留袖に結ぶと豪華でより格調が高くなる。

帯結びに使用するもの

きものと同じように、女性の帯を結ぶためには、帯以外の小物が必要になります。どんな帯を結ぶかによって、違ってきますが、本書で紹介する帯結びで使用した小物を中心に紹介します。

帯板（おびいた）

胴に巻いた帯に張りを持たせるための道具。ゴム紐付きとゴム紐なしがある。写真はヘチマの繊維から作った通気性のよい帯板。

帯枕（おびまくら）

お太鼓の形を作るのに使用。弓岡流帯結びでは結び方によって、上からお太鼓用、角出し用、半幅帯用と使い分けている。

クリップ

胴に巻いた帯を留めたり、羽根を仮留めしたり、帯結びではアシスタントのように活躍するのがクリップ。大小用意しておくと便利。

帯揚げ（おびあげ）

帯枕にかぶせて使用し、帯ときものを調和させる役割も。写真のような２色ぼかしのものは、合わせやすい。

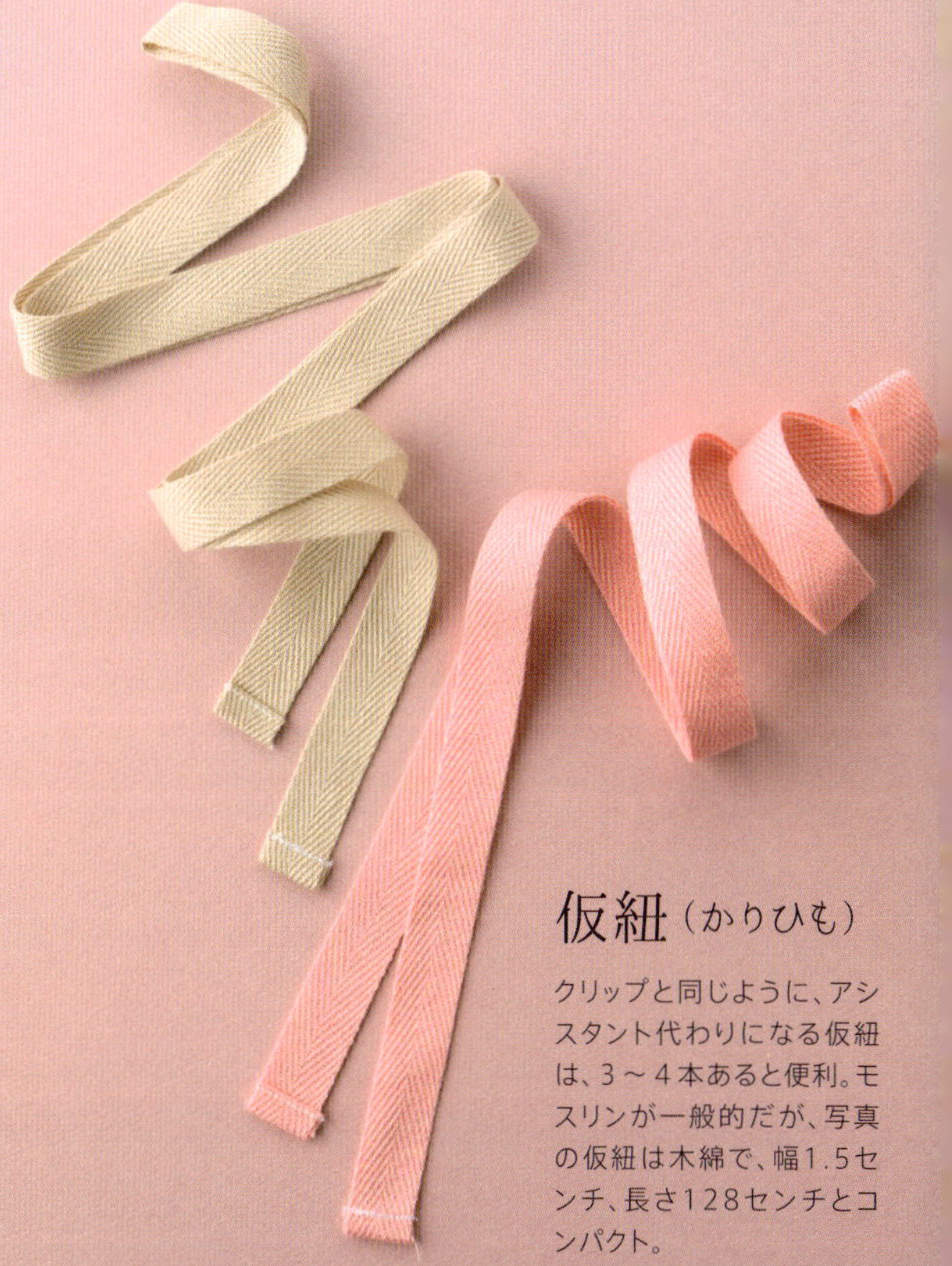

仮紐（かりひも）

クリップと同じように、アシスタント代わりになる仮紐は、３～４本あると便利。モスリンが一般的だが、写真の仮紐は木綿で、幅1.5センチ、長さ128センチとコンパクト。

メジャー

自分の胴まわりや帯の長さを測るときに使用。

ゴム紐

帯枕にかぶせた帯揚げを留めたり、羽根を束ねるときなどに。

三重紐（さんじゅうひも）

中央に３本のゴムがついている紐で、主に半幅帯の羽根を留めるのに使用。

帯締め（おびじめ）

お太鼓を固定するために使用するが、半幅帯結びでは飾り紐としても活躍。帯の格や季節に合わせて選ぶ。

10分で結ぶために

短時間で美しく帯を結ぶためには、準備が必要です。これから結ぶ帯のサイズや、素材の特徴などを知っておくだけで、驚くほどスムーズに結ぶことができます。
また、自分で結ぶときは、両手だけでなく、クリップや仮紐を〝第三の手〟として、上手に使いましょう。

お太鼓を作るたれの長さを測って確認する。短い帯の場合、たれは最低70センチあれば一重太鼓ができるので、残りは胴に巻く部分にまわすことができる。

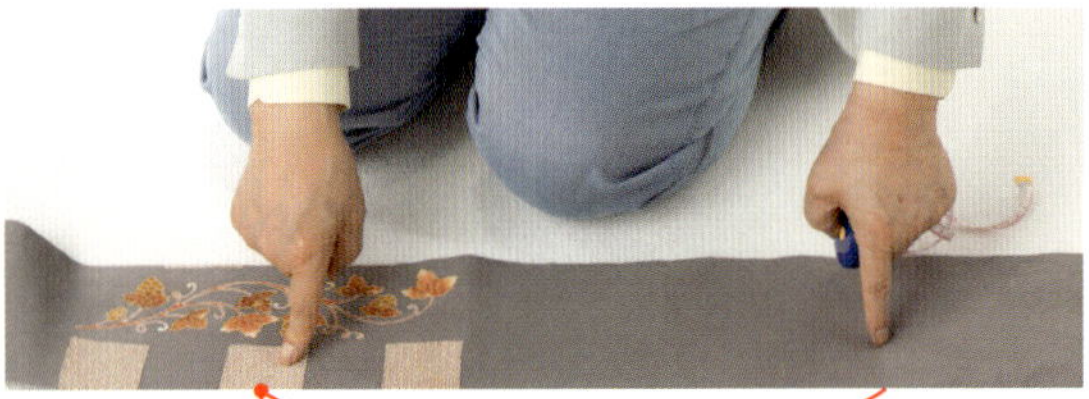

前柄の中央　約45センチ

きものを着た自分の胴まわりの寸法から、胴に巻く帯の位置に印をつけてもよい。胴まわりが約90センチの場合、前帯の中央に柄を出すには、柄の中央から左右約45センチのところが帯の二巻き目になる。

帯の長さを知る

帯を結ぶときに、帯のサイズを気にする人はあまりいないかもしれません。それぞれの帯の基本サイズは、ある程度決まっていますが、それに対して人の体型はみな違います。そのため、ちょうどよいところに、出したい柄がくるとは限らず、帯を胴に巻き始めてから、「あっ、柄が出ない！」ということに。こうなると、最初からやり直しになってしまいます。

短時間できれいに仕上げるには、あらかじめ巻いてみて、帯の長さや柄の出具合を確認することが、何より大切です。とくにお太鼓柄の場合、前帯の柄がどこにくるかは、装いの大切なポイントなので、しっかり確認しておきましょう。出したいところに柄がこない場合は、左右にずらしたり、て先の長さを調整するなどの工夫をします。

巻きやすいように、セットしておく

きものの着付けをするときは、きもの、帯、小物、紐類などを用意し、点検しておくのは常識です。その上で、手早く仕上げるためには、もうひと準備が必要です。帯の場合は、てから巻き始めるため、名古屋仕立ての名古屋帯以外は、胴に巻く部分の幅を半分に折って、クリップで留めておきます。とくに、地厚な素材の袋帯は、半分に折っておくことで、扱いがとても楽になります。

袋帯はての幅を半分に折る前に、胴に巻いてみて、幅出しをするかを決めましょう。幅出しが必要な場合は、あらかじめ一巻き目の終わりから二巻き目にかけて、自然なラインで幅を出し、その部分をクリップで留めます。

胴に巻く部分の幅を半分に折ってから、て先を一番上にしてたたんでおく。クリップは小さめで軽いものを。

弓岡流二重太鼓の結び方では、3～4本の仮紐を使用。本書では、わかりやすいように仮紐の色を変えている。

帯を固定したり、羽根を留めたりするのに活躍するクリップ。サイズ違いで5～6個あると便利。

仮紐とクリップを助手代わりに

自分で結ぶ場合でも、人に結んであげる場合でも、時間短縮のためには、仮紐とクリップが強い味方になります。細長い帯は、結んでいくにつれて、だんだん短くなっていきますが、その過程をスムーズに行うために、仮紐とクリップを第三の手として活用しましょう。

モスリンなどの一般に市販されている仮紐は、やや長すぎるのが難点。仮紐が長すぎて処理に手間がかかることがあります。そんなときは、手持ちの布や手芸用の綿テープなどで、必要最低限の長さのオリジナル仮紐を作るのも手です。クリップも小さめのもので使いやすいものを用意しておくと安心です。

相手に協力してもらう

人に結んであげる場合は、相手（着る人）に手伝ってもらうことで帯がスムーズに結べ、さらにコミュニケーションにもつながります。とくに、巻いた帯を一時的に押さえてもらったり、仮紐や帯締め、帯揚げを前にまわした際に、相手に持ってもらうことで、作業の時間短縮にもなります。

また、きものに慣れていない初心者にとっては、帯を押さえたり、持ったりすることで、きものや帯に慣れ親しむことができるよい機会でもあります。

胴に巻いた帯を固定するとき、クリップは使わずに、相手に押さえてもらうと楽。クリップを留めたり外したりする手間も省ける。

肩にあずけておいたてが短い場合は、すべり落ちることがあるので、相手に持ってもらうとよい。

帯を胴に二巻きする

帯結びにはさまざまな結び方があり、それぞれ手順は異なりますが、まず、帯を胴に二巻きすることから始まります。この胴に帯を巻くことは帯結びの基本中の基本で、あとは残りのてとたれで、帯の形を作るだけ。二巻きしたベースの帯がしっかり固定されていれば、どんな結び方でも、自信を持って挑戦できます。

1 帯板をつける

帯を巻き始める前にウエストに、帯板をつけます。帯板にゴム紐がついていない場合は、帯を巻き始めてから、一巻き目と二巻き目の間に帯板を入れます。きもの初心者には、扱いの楽なゴム紐付きの帯板をおすすめします。

ゴム紐

ゴム紐の長さは、体型に合わせて調整する。

2 てを肩にあずける

てから巻き始めます。ての帯幅を半分に折り、わを下にして体に巻きますが、巻き始めのては邪魔にならないように、肩にあずけておきます。反時計まわりに帯を巻く場合は、左肩にてをあずけます。

て
わ
帯の下側を持つ
たれ

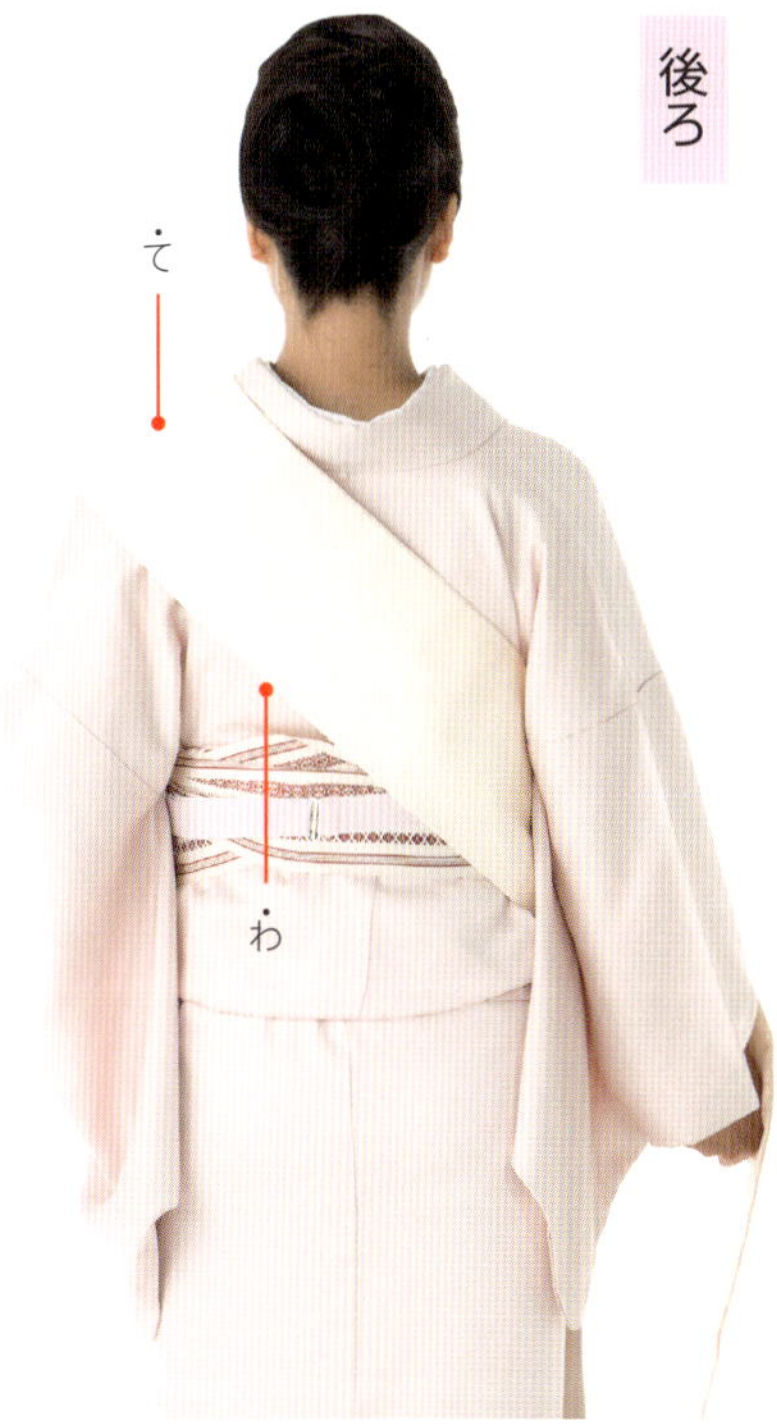
後ろ
て
わ

3 一巻き目を巻き、締める

てを肩にあずけたまま、右手で帯を胴に巻き、体の脇まできたら、左手に持ち替えます。そのまま後ろにまわして胴に一巻きし、再び右手で持ちます。胴に巻いた帯を右手で持ったまま、左手でてを下に引き、一巻き目をしっかり締めます。

胴に巻いた帯の内側から手を入れて、ここをつかむ
て

て
一巻き目

てを下に引く
て

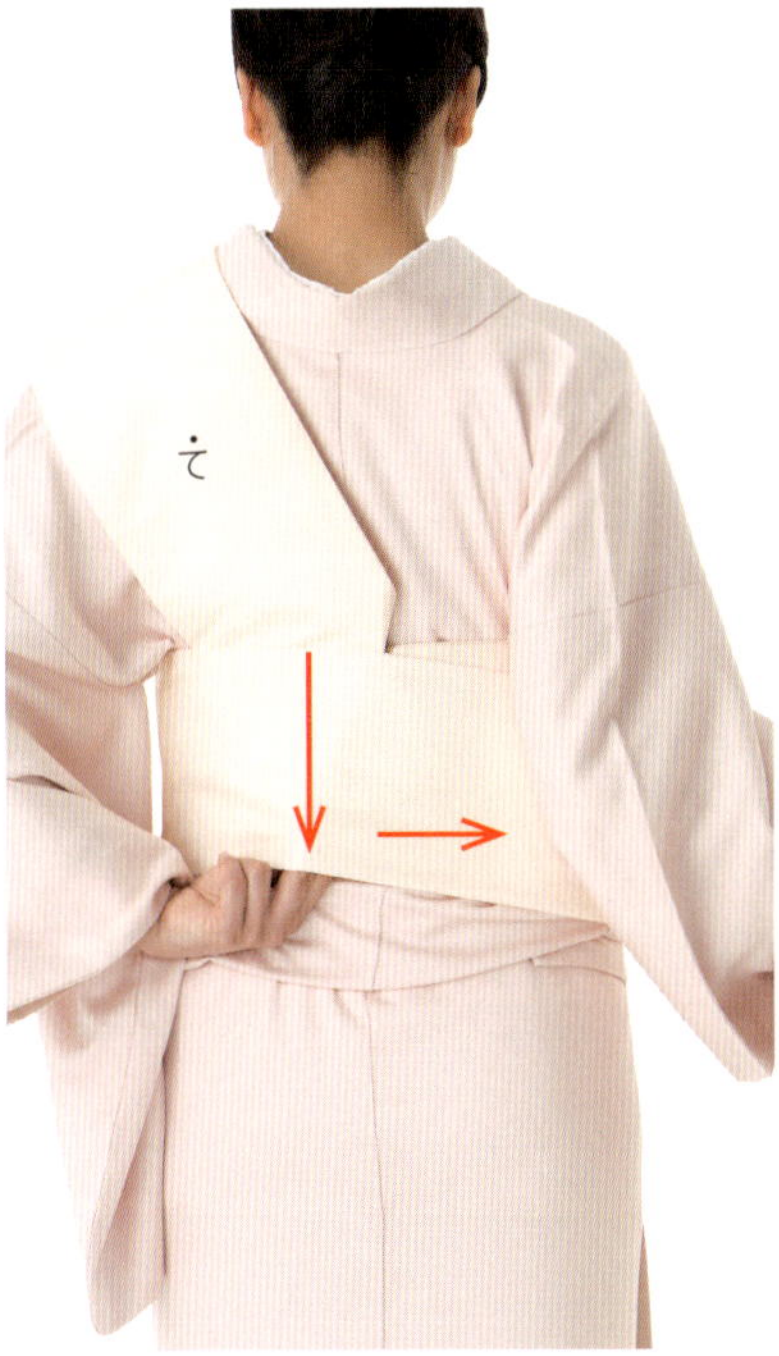
て

4 二巻き目を巻き、締める

一巻き目に重ねるようにして、二巻き目を胴に巻きます。ゴム紐のついていない帯板の場合は、一巻き目と二巻き目の間に入れます。胴に巻いた帯がきちんと重なっていることを確認したら、左手でて、右手でたれを持って、左右に引いて締めます。

5 てを外す

胴に巻いた帯が緩まないように、帯の下側をクリップで留めておきます。こうすることで、両手が自由になります。左肩にあずけておいたてを下ろし、右手で背中心あたりまでてを引き寄せます。これを"外す"と表現します。

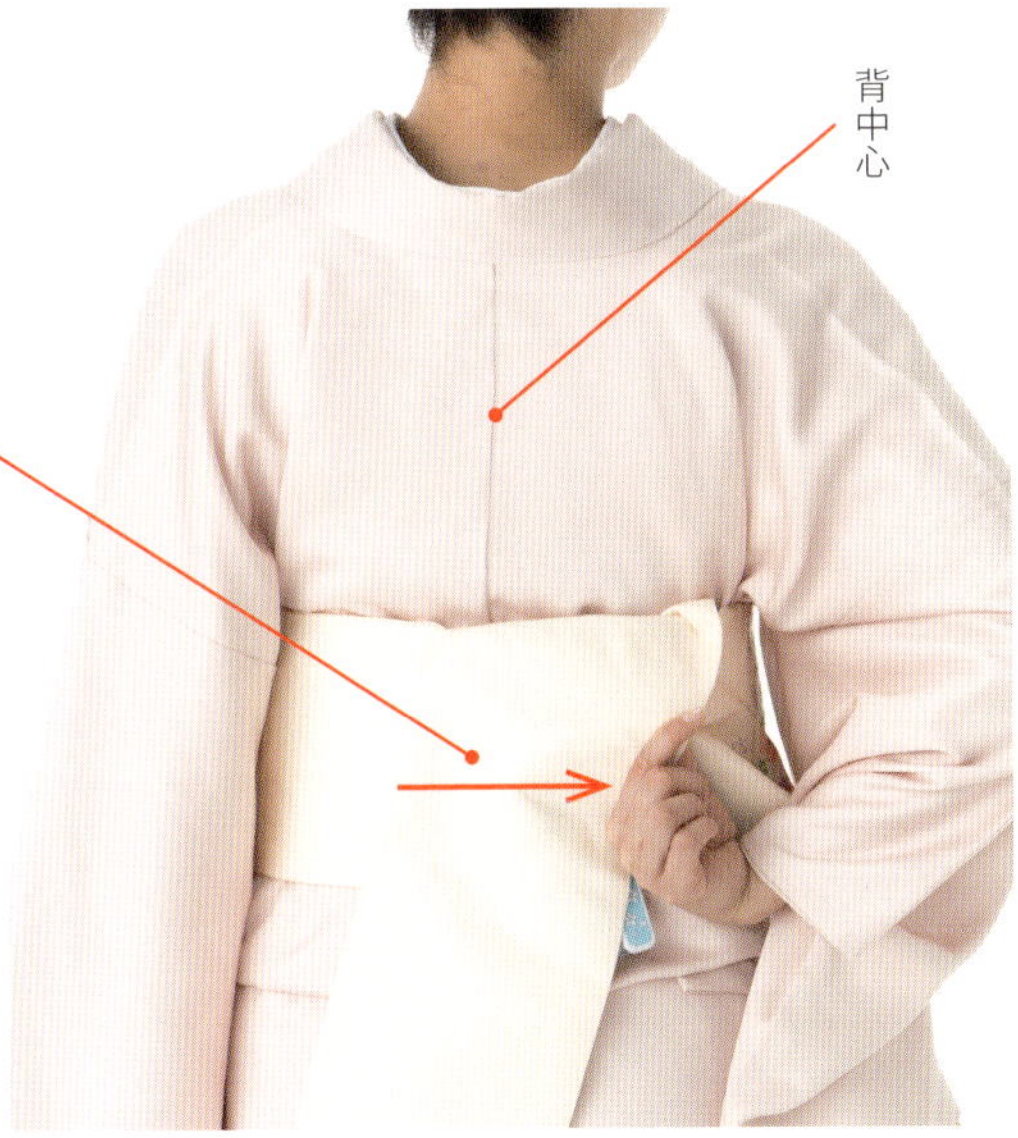

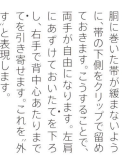

帯結びの基本
Step 2

てとたれの扱い

帯を胴に二巻きしたら、続いて、てとたれを結びます。
今は時代とともに結び方が進化して、
てとたれを実際に結ぶ代わりに、折り上げたり、
ねじったりする方法が主流になりました。
いろいろと試して、自分の結びやすいやり方を見つけましょう。

折る（たたむ）

肩にあずけておいたてを下ろして、帯の布目がよれないように右手のひらを差し込んで整え、てを折り上げて前にまわします。こうすると、てのわが下になり、折ったての元もきれいな三角形になります。

折る(たたむ)方法は、帯にしわをつけたくないときや、長さが短い帯に

たれの処理の仕方A

てを前帯にあずけたら、次にたれでお太鼓を作ります。クリップを外して、たれを後ろに戻し、そのままたれを元から広げてお太鼓を作っていきます。
＊38ページの一重太鼓を参照。

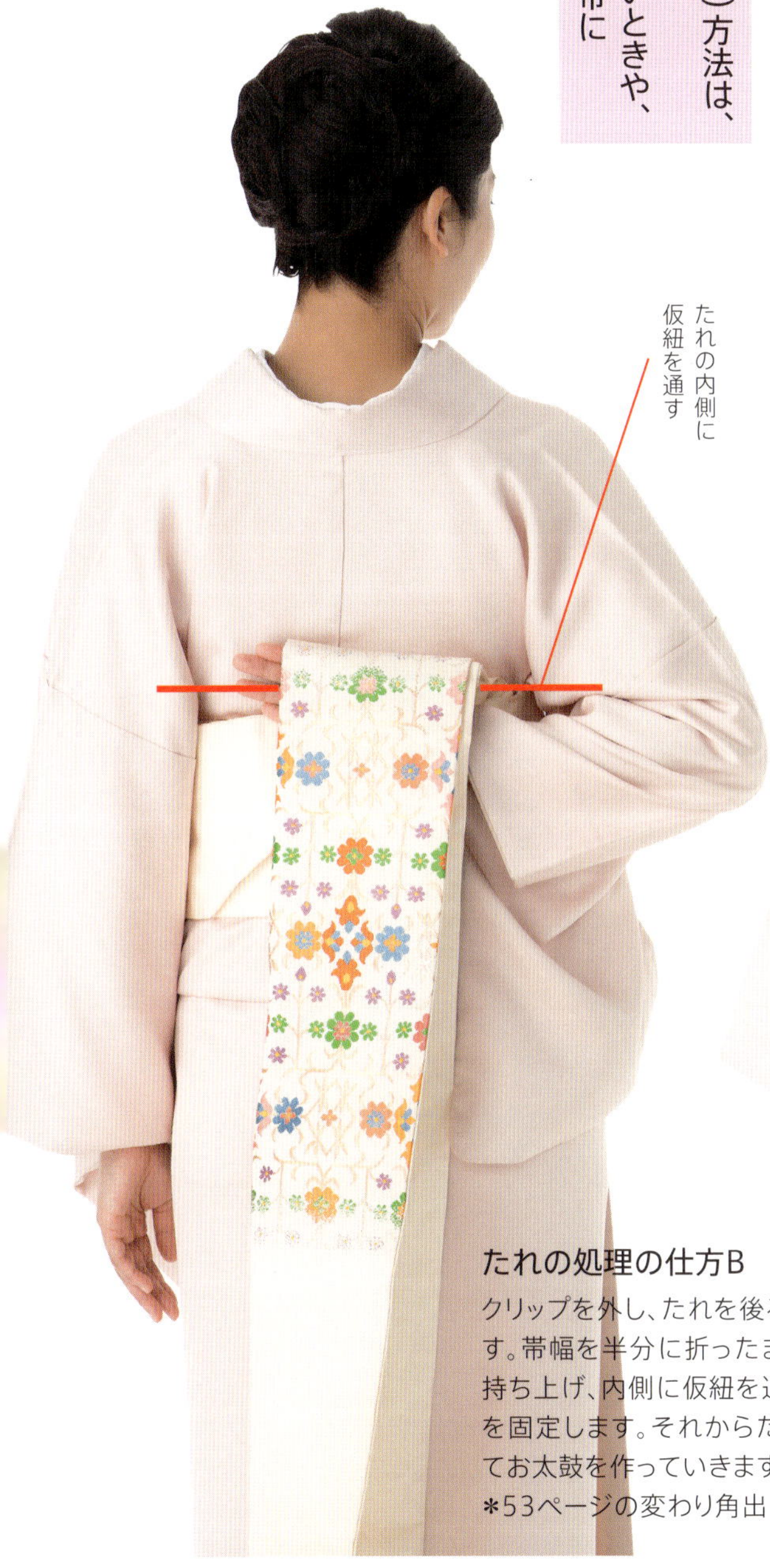

たれの処理の仕方B

クリップを外し、たれを後ろに戻します。帯幅を半分に折ったまま右手で持ち上げ、内側に仮紐を通してたれを固定します。それからたれを広げてお太鼓を作っていきます。
＊53ページの変わり角出しを参照。

ねじる（かける）

てとたれを結ぶ代わりに、左右にねじる方法です。帯を胴に二巻きしたら、左手でて、右手でたれの元を持ち、左右にねじります。右手にてを持ち替え、てを前にまわします。

ねじる（かける）方法は、しっかり帯を固定したいときに

ては前帯にクリップで留めておく

てとたれをねじったら、たれを元から広げてお太鼓を作る。

後ろで結ぶ

自分で結ぶ場合も、人に結んであげる場合も、帯を結ぶといえば、かつては背中でてとたれをぎゅっと結び上げるのが普通でした。しっかり結ぶことで、てとたれがよく締まり、帯が緩む心配はありません。現代は結ぶ代わりに、手軽なやり方が主流になっていますが、人に結んであげる場合は、この方法もおすすめです。ただし、地厚な袋帯や下ろしたての硬い帯は、結びにくいことがあるので、帯の状態を確認してからどの方法にするかを決めましょう。

結びやすいように、折り上げてできるだけ幅を狭くする

てを下ろし、てにたれを重ねて結ぶ

たれ

て

後ろで結ぶ方法は、人に結んであげるときに

たれを引き上げて締める

たれを広げてお太鼓にする
ては前帯にあずける

前で結ぶ

半幅帯は前で帯の形を作ってから、後ろにまわすのが基本です。その場合は、帯を胴に二巻きしたら、体の中央でてとたれを結びます。半幅帯は帯幅が通常の帯の半分なので扱いやすく、初心者にも簡単にできます。上手に結ぶコツは、結び目のてとたれの幅をできるだけ細くしておくことです。

前で結ぶ方法は、幅の狭い半幅帯向き

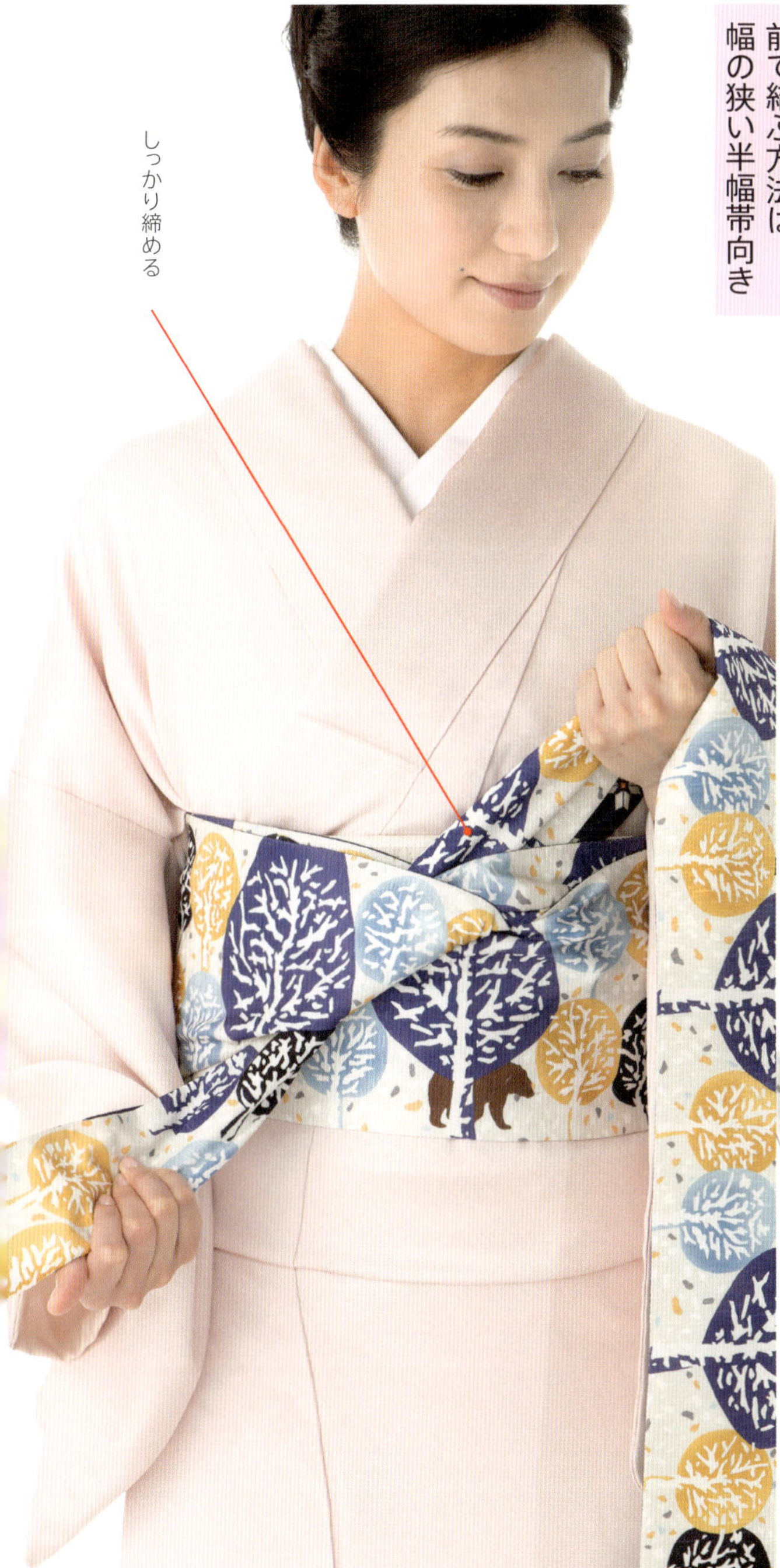
しっかり締める

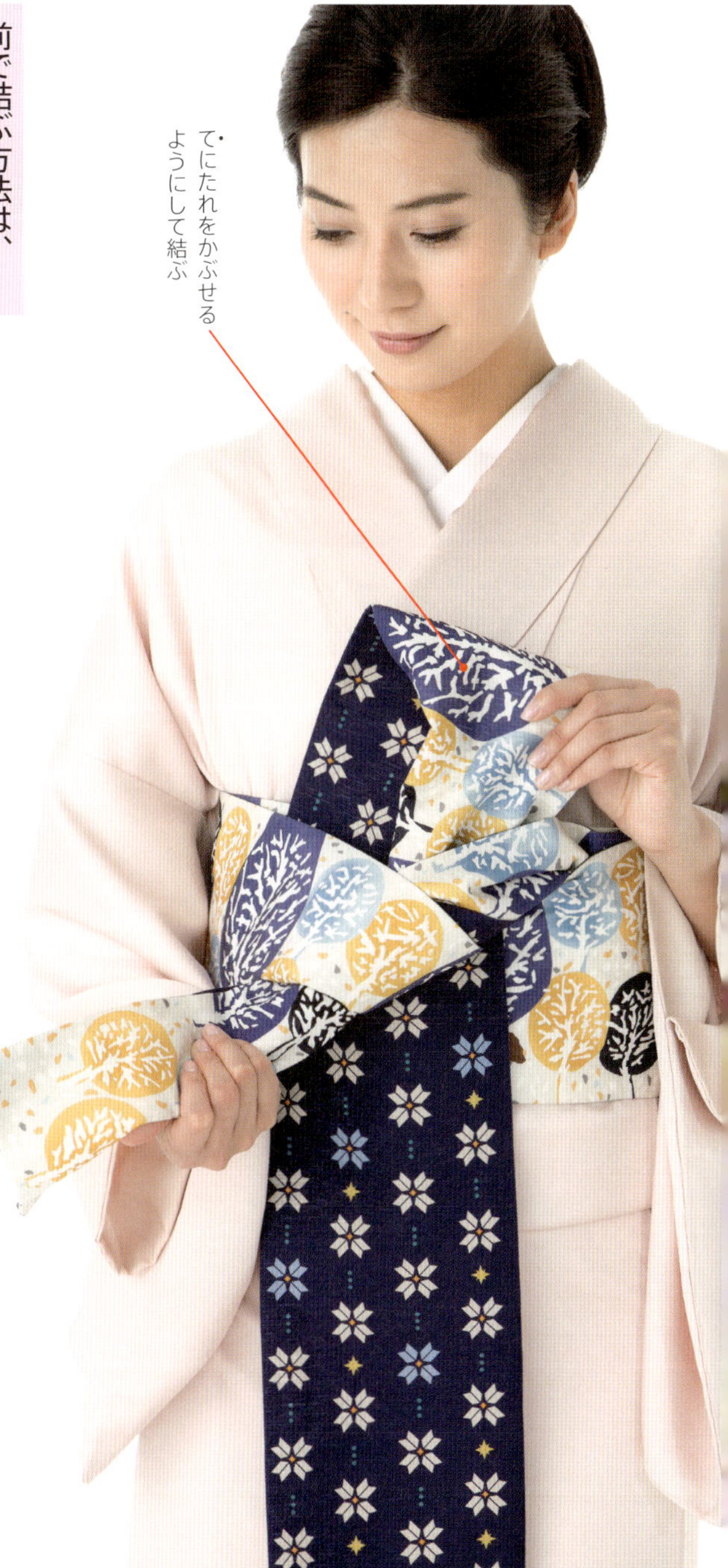
てにたれをかぶせるようにして結ぶ

きものと帯の組み合わせ
1

織りのきものを趣味の帯で個性的に装う

和のお稽古

結城紬《ゆうきつむぎ》に色紙《しきし》柄の織り帯でぬくもり感を

ベージュ地に、ほのぼのとした優しい花柄を絣で表現した結城紬は、帯や小物で印象が変わる。同系色の織り帯、帯揚げ、帯締めでまとめると、シックな秋のコーディネートに。

ギャラリー巡り

白大島《しろおおしま》紬に黒地の帯でスタイリッシュに

細かい十字絣《じゅうじがすり》を織り出した白大島紬は、洋服感覚で楽しめるきもの。黒地にグレーの縞柄の帯を合わせると、すっきりとしたきもの姿に。小物に色を使って、少し柔らかさを。帯／東郷織物

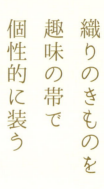

食事会

大島紬に
更紗《さらさ》柄の染め帯で
華やかさを

どちらかというとシャープなイメージの大島紬。無地感覚のモダンな織りのきものを柔らかく仕上げたいなら、華やかな染め帯にきれいな色の小物を組み合わせてお洒落に。

買い物

格子《こうし》の紬に
絞《しぼ》り染めの帯で
ほっこりと

ざっくりと織り上げた素朴な紬。黄土色の紬地に、絞り染めを市松に配した帯を合わせて落ち着いた印象に。帯揚げのピンクと帯締めの朱色を効果的に使って、若々しさを演出。

*きもの、帯、小物／壱の蔵 青山サロン

名古屋帯で一重太鼓

名古屋帯を使った、もっとも基本的なお太鼓結び、「一重太鼓」をマスターしましょう。たれで一重のお太鼓を作ることから、この名があります。弓岡流では、最初にたれ先の長さを決めて仮紐で留めておきますが、こうすることで、すっきりとした形のよいお太鼓になります。

きりっとした一重太鼓のでき上がり。お太鼓の長さは30センチを基本に、着る人の体型に合わせてアレンジをする。たれ先の長さは人差し指1本分を目安に、好みで調整を。

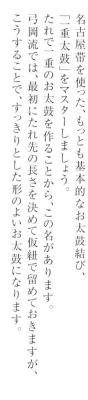

お太鼓は余分なたるみがなく、背中に沿っている。前帯は下側が体にフィットし、上側は体との間に余裕がある。

前帯の柄の出し方や帯の高さなどは、お好みで。写真のきものはカジュアルな小紋なので、帯揚げは出しすぎず、細めの帯締めですっきりと装うのがお洒落。

1
帯を結ぶ前に、たれ先の長さを決めます。たれ先から人差し指1本分（7～8センチ）のところに、仮紐A（ピンク）を当て、クリップで留めておきます。クリップはできるだけ軽量で小さなものを。

2
てを左肩にあずけ、胴に帯を二巻きし、胴に巻いた帯の下側をクリップで留めます。
＊胴に帯を二巻きするまでは、20～25ページ。

3
てを下ろします。左手でてを折り返して前にまわし、前帯にクリップで留めます。この後、2で使用したクリップを外します。
＊てとたれの結び方は、26～31ページ。

4
両手でたれを持ち、元からきれいに広げます。

5
広げたたれを少し持ち上げてから仮紐B（紫）を当て、前で仮結びをしておきます。

仮紐Aは前帯の下線に沿わせて前へまわす

6

たれ先に留めた仮紐A（ピンク）を両手で持ち、胴に巻いた帯の下線に沿わせて前にまわし、仮結びをします。仮紐Aを留めていたクリップを外します。

＊たれ先を決める前に、たれの内側に帯枕を入れて、先にお太鼓の山を作ってもよい。

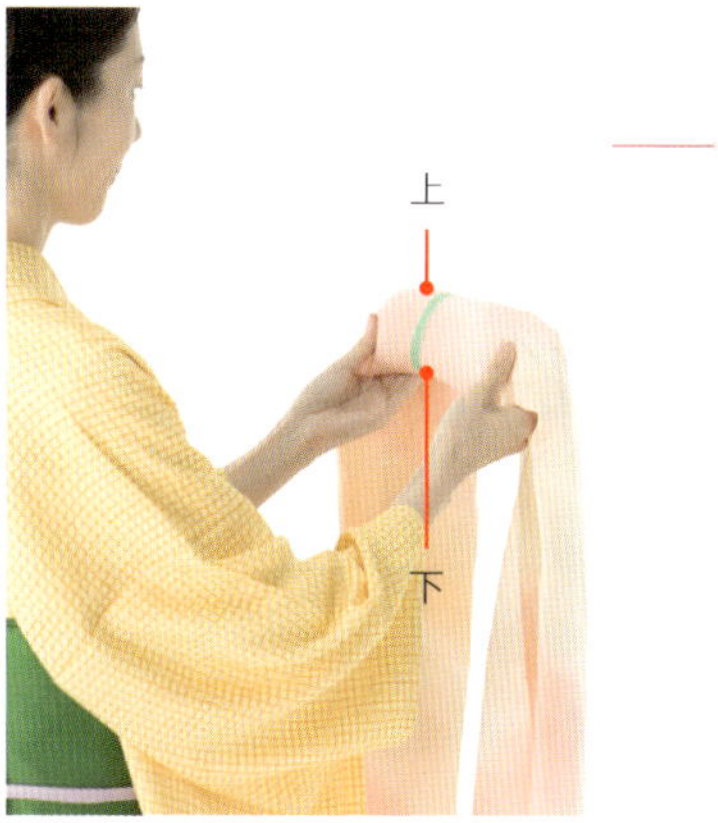

仮紐Bの下に帯枕を当てる

7

帯揚げをかぶせた帯枕を、上下正しく持ちます。そのまま帯枕をひっくり返し、たれの内側にまっすぐ通します。
＊帯枕には帯揚げをかぶせ、中央をゴム紐で留めておく。

帯幅の中央に、帯枕の中央がくるように

8

帯枕とたれの両端を一緒につかみ、両手の手首を返すようにしてたれを持ち上げて背中につけ、お太鼓の山を作ります。胴に巻いた帯の上線に、帯枕をのせるときれいに収まります。

帯揚げ
帯枕の紐

9

帯枕の紐と帯揚げの先を一緒に持ち、ぐっと前（やや下方向）に引いて帯枕を背中に密着させます。この後、帯枕の紐と帯揚げを一緒に仮結びをします。

たれはまっすぐに下ろす。
たれが斜めになっていると、布目が通らない

仮紐C
お太鼓の下線

10

たれの布目を整え、胴に巻いた帯の下線に合わせてお太鼓の下線（お太鼓の決め線）の位置を決め、仮紐C（白）を通します。

11

片方の手で仮紐C(白)と一緒にお太鼓の下線を持ち上げ、もう一方の手で余ったたれの部分を、お太鼓の中に折り上げます。

12

仮紐Cは帯の下線に沿って前にまわし、おはしょりのところで仮結びをします。

仮紐A

仮紐B

お太鼓の上にてを当てて、長さを確認

てでお太鼓の下側を押さえると、お太鼓の下線がきれいになる

13 仮紐A（ピンク）、仮紐B（紫）の順に、静かに引き抜きます。

14 てを留めておいたクリップを外し、てを折り返して後ろにまわします。

15 左から右へ、お太鼓の中にてを通し、左右から2〜3センチ出します。左側に余分が出る場合は、内側に折り込んでおきます。

16 帯締めを2つに折り、輪のほうをお太鼓の中に通し、ての幅のほぼ中央に当てます。帯締めは左右どちらから入れてもかまいません。

17 帯締めの左右の長さを揃えて持ち、ぎゅっと前に引いてから、しっかりと結びます。
＊帯締めの結び方は108ページ。

18 仮紐C（白）を静かに引き抜きます。

19 帯枕の紐と帯揚げをほどいて、結び直します。
＊帯枕の紐の結び方は117ページ、帯揚げの結び方は112ページ。

20 すっきり一重太鼓のでき上がり。おはしょりのしわを取り、衿元の乱れがないかもチェックしましょう。

結んであげる

名古屋帯で一重太鼓

人に結んであげる場合は、相手とのコミュニケーションが大切です。前帯の柄の位置も、相談しながら決めるようにしましょう。
ここでは、前帯の柄を優先した名古屋帯の結び方を紹介しますが、てから結んでいく、一般的な結び方の手順でもかまいません。

1

お太鼓柄の帯の場合は、まず、前帯の柄の位置を確認します。帯の長さや体型によっては、出したい位置に柄が出ないこともありますが、相手とコミュニケーションがとれていれば、納得してもらえるはずです。

着る人から見て、前帯の柄がやや左寄り。帯の長さに余裕があれば、この位置も可能。

着る人から見て、前帯の柄がやや右寄り。帯が短いと右寄りになる。

前帯の柄がほぼ中央にくるのが一般的だが、好みで左右にずらしてもよい。

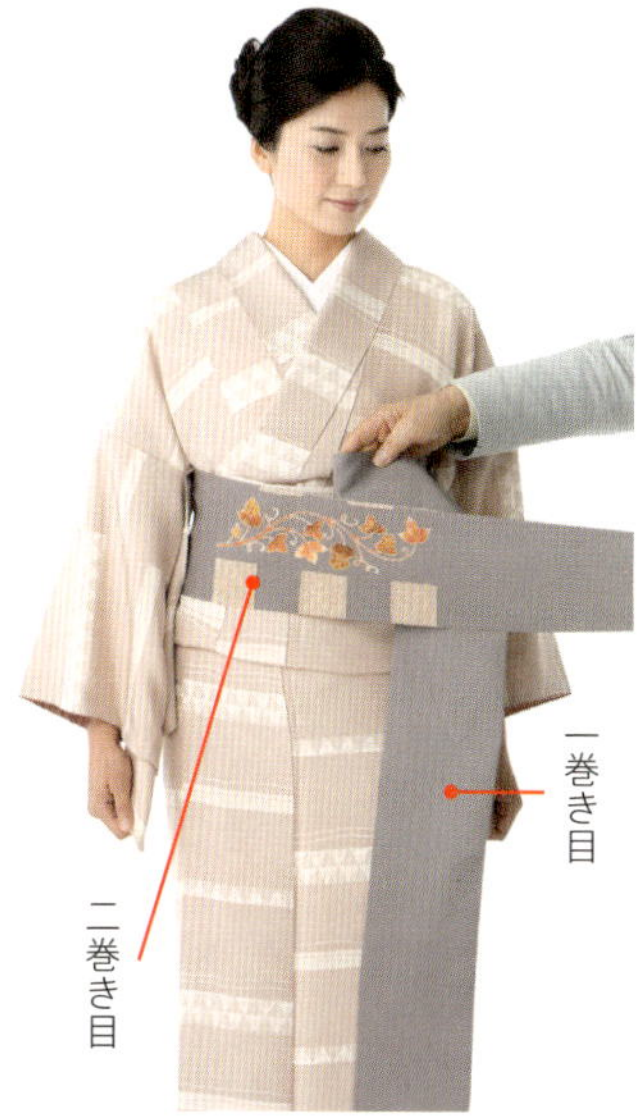

2
前帯の柄の位置を決めたら、左手で前柄がずれないように二巻き目を持ち、右手で一巻き目を胴に当てます。

3
二巻き目を左手に持ったまま、一巻き目をそのまま背中心まで巻きます。

4
着る人の背中心のところで、一巻き目を折り返して左肩にあずけ、二巻き目を巻きます。

てを持ってもらう

5

一巻き目に重ねて、二巻き目を胴に巻き、てとたれをしっかり締めます。

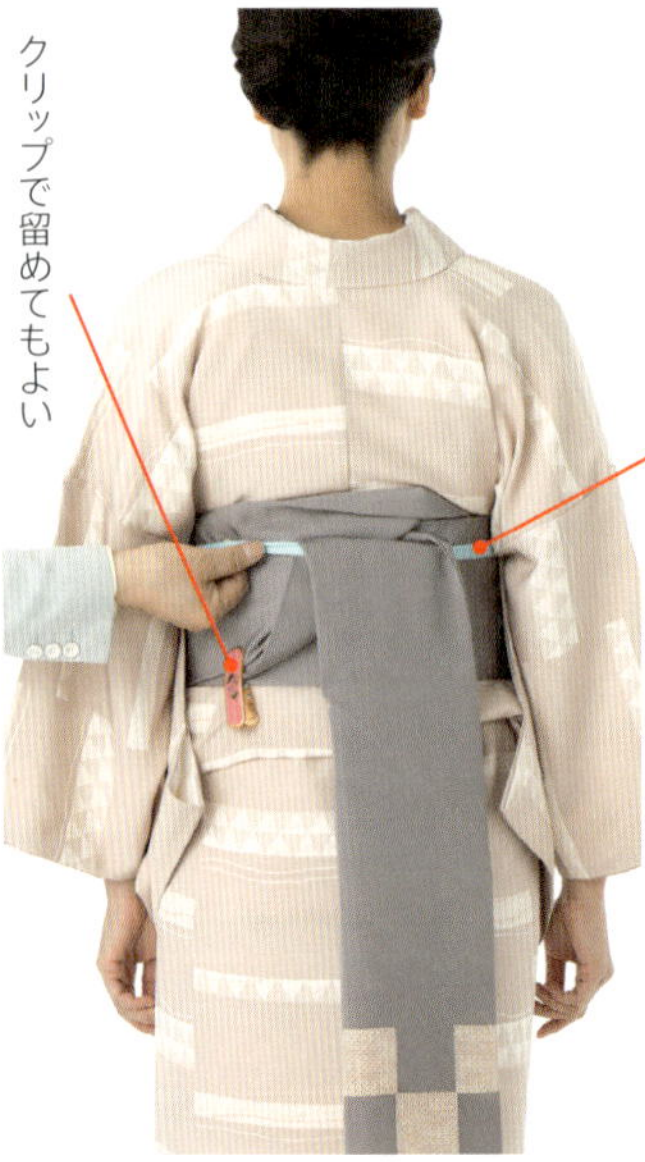
クリップで留めてもよい
仮紐A

6

てを前にまわし、前帯にクリップで留めます。たれの元に仮紐A（水色）を当て、前にまわして仮結びをします。

＊てとたれの処理については26～31ページ。

帯枕

お太鼓の山ができた

7

たれの元から帯をきれいに広げ、たれの内側に帯枕を当てます。お太鼓の大きさは30センチを目安にし、お太鼓柄のバランスを見ながら帯枕の位置を調節します。帯枕の紐は前にまわして、しっかりと結びます。

＊帯枕の紐の結び方は117ページ。

＊ここでは、帯枕の厚みが足りないため、上から布を重ねている。また、ここで帯揚げをかぶせた帯枕を当ててもよい。

8

帯枕の下の余分なたれは、広げてしわをとり、平らに整えます。このたれは、腰のくぼみの補整にも役立ちます。

帯枕の中央に、帯揚げの中央がくるようにする

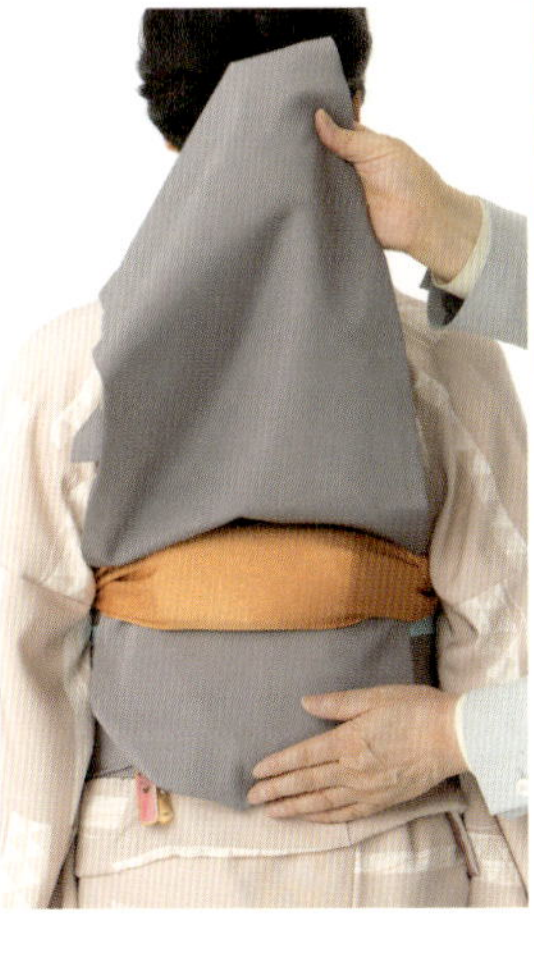

9

帯枕に帯揚げをかぶせ、前にまわして仮結びをします。

11

仮紐B（紫）のラインで内側に折り、余ったたれをお太鼓の中に折り上げ、たれ先を人差し指1本分くらいとります。仮紐Bは、胴に巻いた帯の下線に沿わせるようにして前にまわし、仮結びをします。

12

前帯に留めておいたてを外し、後ろにまわします。

10

胴に巻いた帯の下線を目安にして、お太鼓の下線を決め、仮紐B（紫）を当てます。

13 てをお太鼓の中に通し、お太鼓の左右から2～3センチ出します。てはお太鼓の下線に沿わせると、お太鼓の下のラインがきれいに整います。

14 帯締めを2つに折ってお太鼓の中に通し、ての幅の中央に当てます。左右の帯締めの長さを揃え、しっかりと結びます。
＊帯締めの結び方は１１０ページ。

帯枕に厚みを持たせたことで、お太鼓の山に立体感が生まれた。

15 結んでいた仮紐をすべて外し、帯揚げを結び直してでき上がり。
＊帯揚げの結び方は１１４ページ。

名古屋帯で変わり角《つの》出《だ》し

お太鼓の下にふくらみを持たせた変わり結びです。たれの左右から出したてが角に見えることから、この名があります。袋帯で結ぶ本角出しに対して、名古屋帯で結ぶアレンジ結びをここでは「変わり角出し」とよぶことにします。粋な角出し系は、お太鼓に比べてカジュアルになり、縞《しま》や格子などのお洒落着によく似合います。

下のほうにふくらみを持たせた独特の形で、両側からのぞくてが角をイメージしている。しなやかな素材の帯を使って、ふっくらと仕上げたい。

変わり角出しは、カジュアルな小紋や紬におすすめ。

1

てを長めにとって（約70センチ）胴に帯を二巻きします。続いて、たれを折り上げ、内側に仮紐A（ピンク）を当て、前で仮結びをします。両手でたれをきれいに広げます。

＊胴に帯を二巻きする手順は20〜25ページ。

2

広げたたれの上で、てを体の幅に合わせて屏風だたみにして重ね、ての幅の中央に仮紐B（紫）を当てて前で結びます。

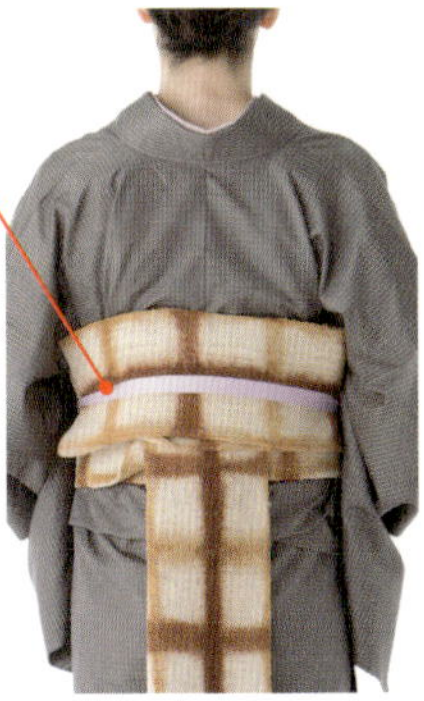

帯枕に帯揚げをかぶせ、中央をゴム紐で留める

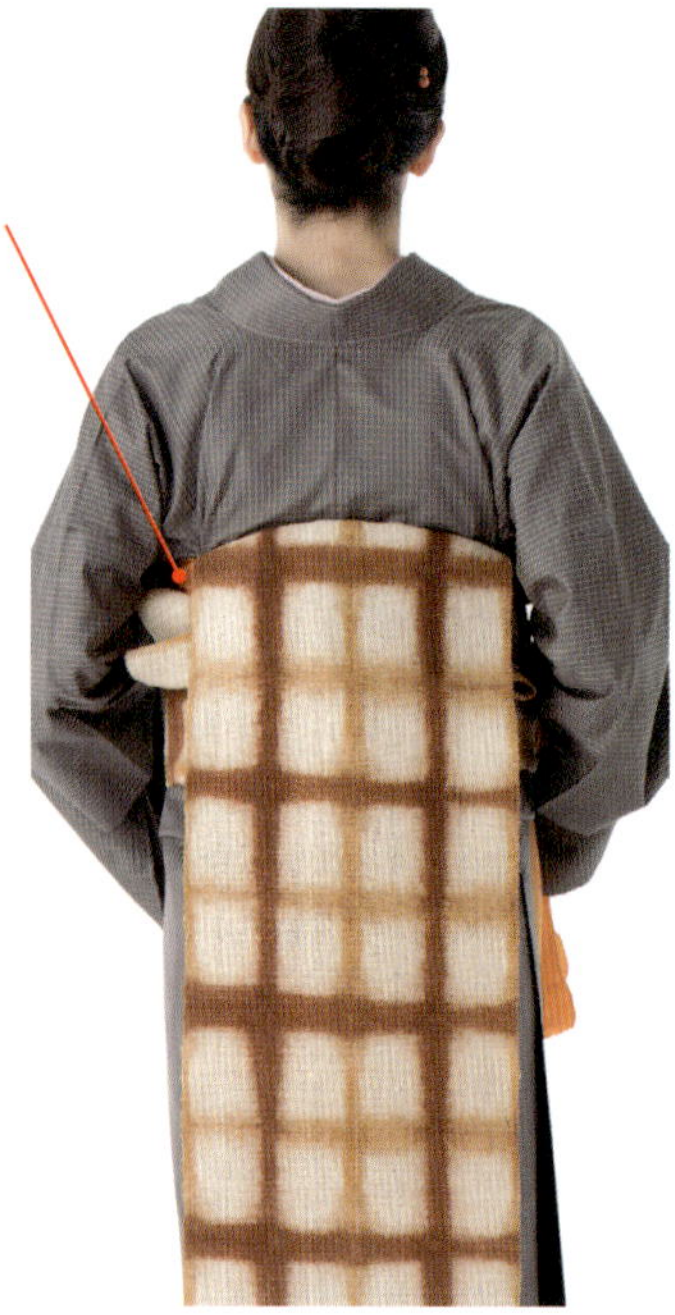

帯枕と帯揚げは前にまわして、仮結びをする

3

たれを元から広げ、帯揚げをかぶせた帯枕を、たれの内側に入れ、お太鼓の山を作ります。ここで使用した帯枕は角出し専用の厚みのないものですが、専用のものがない場合は、帯揚げをたたんだだけでもかまいません。または、厚紙などでも代用できます。

4

仮紐A（ピンク）を引き抜きます。

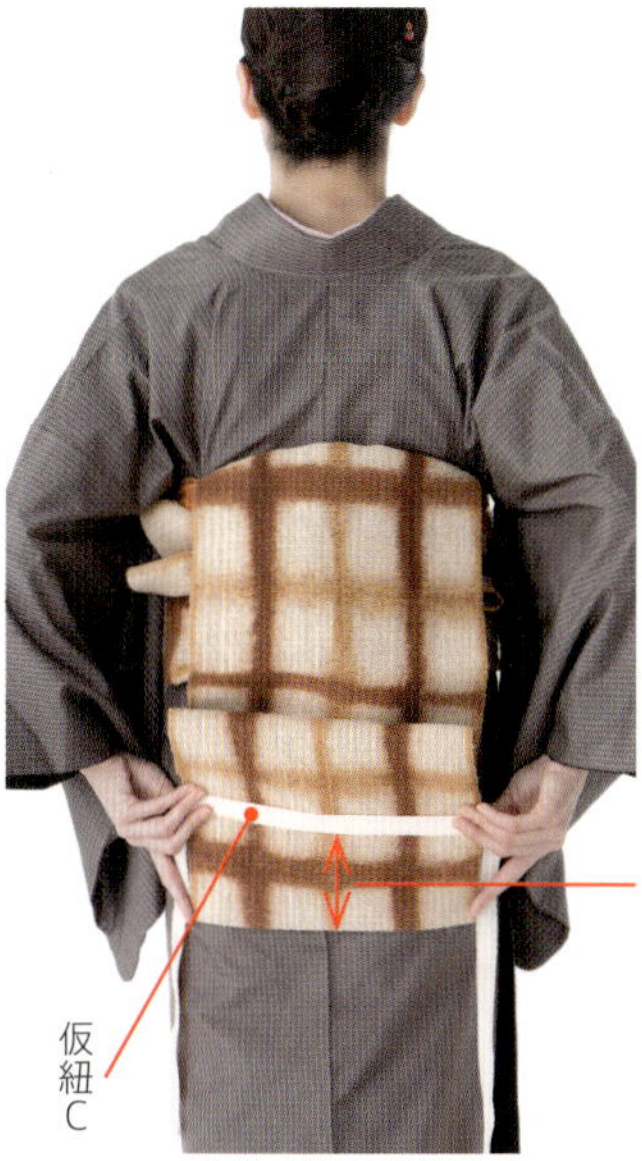

5

たれ先から人差し指1本分のところに仮紐C（白）を当て、胴に巻いた帯の下線まで持ち上げ、前で結びます。

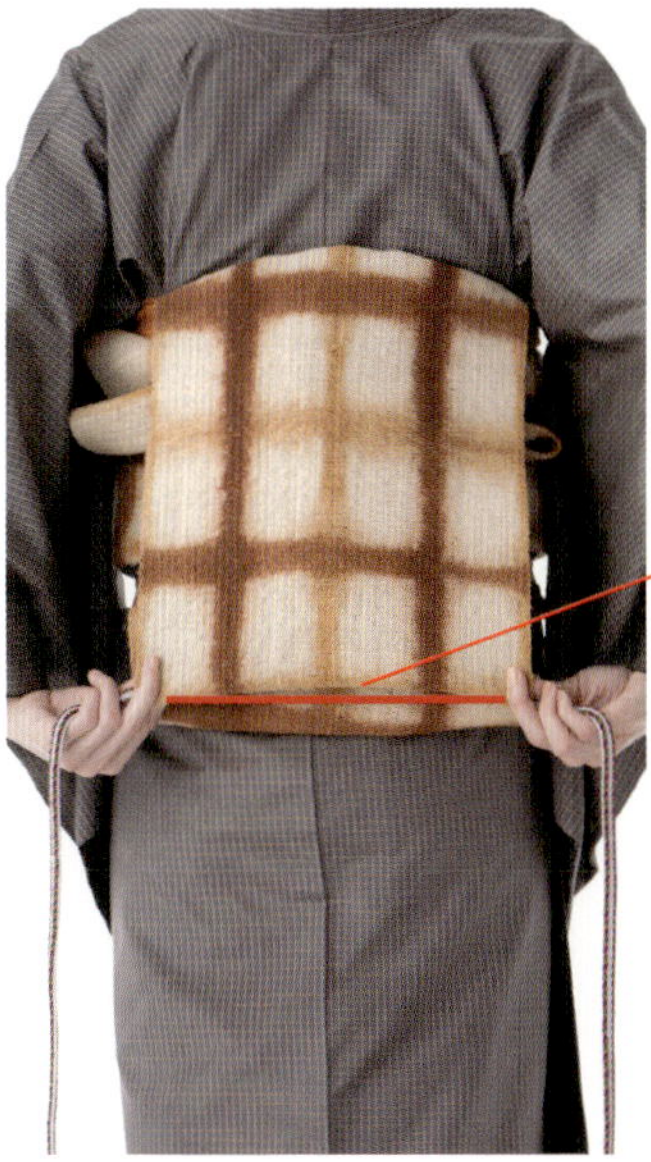

6

たれの内側に帯締めを通し、たれ先のラインと帯締めのラインを合わせるように長さを調整し、お太鼓の下線を決めます。

7

左手で帯締めと一緒にお太鼓の下線を持ち上げ、右手で残りのたれをお太鼓の中に折り上げます。

8

お太鼓の下にふくらみが出るように、胴に巻いた帯の下線まで帯締めを引き上げ、前にまわしてしっかりと結びます。

＊帯締めの結び方は１０８ページ。

9

仮紐Ｂ（紫）、仮紐Ｃ（白）の順に、静かに引き抜きます。

10

仮結びをしておいた、帯枕の紐と帯揚げを結び直します。

＊帯枕の紐の結び方は１１７ページ、帯揚げの結び方は１１２ページ。

11

て（角）の部分をやや寝かせてお太鼓の下にふくらみを出し、お太鼓の形を整えてでき上がり。

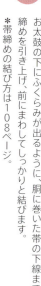

長さが足りないときに 名古屋帯で「一巻き」のお太鼓結び

譲られた帯やアンティークの帯など、長さが短い場合は、胴に巻く回数を1回にしましょう。お太鼓を先にとり、前帯の柄の位置を決めてから胴に巻きます。

1 たれ先から70センチほどのところに、帯揚げをかぶせた帯枕を当て、最初にお太鼓の山を作ります。

2 お太鼓の山を背中に当て、帯枕の紐と帯揚げを前にまわして仮結びします。
＊写真ではわかりやすいように、たれを上げてクリップで留めている。

3 帯を反時計まわりに、胴に一巻きします。このとき、てのの長さ（約60センチ）をとったら、出したい柄を前帯に決めて、2か所をクリップで留めます。

一巻き目を胴に巻いたところ
て

緩まないように、しっかり締める

ての余り

4
続いて、後ろでも一巻き目をクリップで留めて固定します。残りのての部分を整えます。

クリップで留める

5
残りの帯を右側に引いて余分を胴に巻き込み、右側のてで押さえて、帯を締めます。胴に巻いた帯が緩まないように、クリップで固定します。

6

たれを下ろし、仮紐でお太鼓の下線を決めてお太鼓を作り、てをお太鼓の中に入れます。仮紐は前にまわして結びます。

7

お太鼓の内側に帯締めを通し、ての幅の中央に当て、前にまわして結びます。この後、帯を留めていたクリップ、仮紐を外します。

＊帯締めの結び方は110ページ。

8

帯枕の紐と帯揚げを結び直して、でき上がり。

＊帯枕の紐の結び方は117ページ、帯揚げの結び方は114ページ。

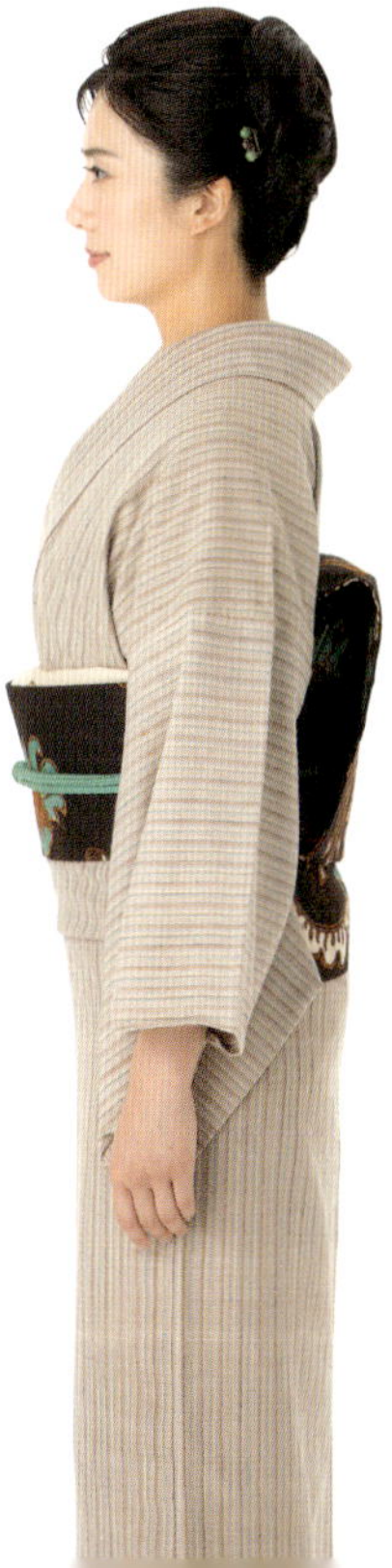

長さが足りないからと諦めていた帯も、この方法なら簡単に結べる。

袋帯で二重太鼓

たれで作ったお太鼓が2枚重なることから二重太鼓とよばれ、留袖や訪問着、付け下げなどのフォーマルなきものに結びます。
結ぶときのポイントは、お太鼓をふくらませないこと。
お太鼓の下線でたれをきりっと内側に折り上げて、すっきり仕上げましょう。
お太鼓の大きさは30センチを目安にしていますが、
小柄な人はやや小さく、背の高い人は
少し大きくするとバランスがよくなります。

袋帯の定番の帯結び、二重太鼓は、帯地も地厚でたれが重なっているぶん、ボリュームのある仕上がりになる。

前帯は好みで少し幅を出して結んでもよい。帯揚げは多めにのぞかせ、帯締めも太めのものを。

横から見て、衣紋とお太鼓の山が、ほぼ同じ高さになるのが理想的。さらに、お太鼓が体に沿っていて、すっきりと見えることも大切。

1

てを左肩にあずけ、帯を胴に一巻きします。ここでは柄止まりが背中心よりやや右側にきています。一巻きしたところをクリップで留め、二巻き目を巻いて前帯の柄の位置を確認するのもいいでしょう。前帯が決まったら、てを下に引いて一巻き目を締めます。

2

二巻き目を胴に巻いて締め、たれを折り上げます。それから胴に巻いた帯の上線で仮紐A（水色）を内側に当て、たれを押さえます。仮紐は前にまわして仮結びをします。

*胴に帯を二巻きする方法は20～25ページ、てとたれの処理の仕方は26～31ページ。

3

たれをきれいに広げ、仮紐B（紫）を当て、前にまわして結びます。

4

たれの長さを決めます。まず、たれ先から約10センチのところに仮紐C（オレンジ色）を当て、両端をクリップで留めます。

＊帯を巻く前に、仮紐をセットしておくとよい。

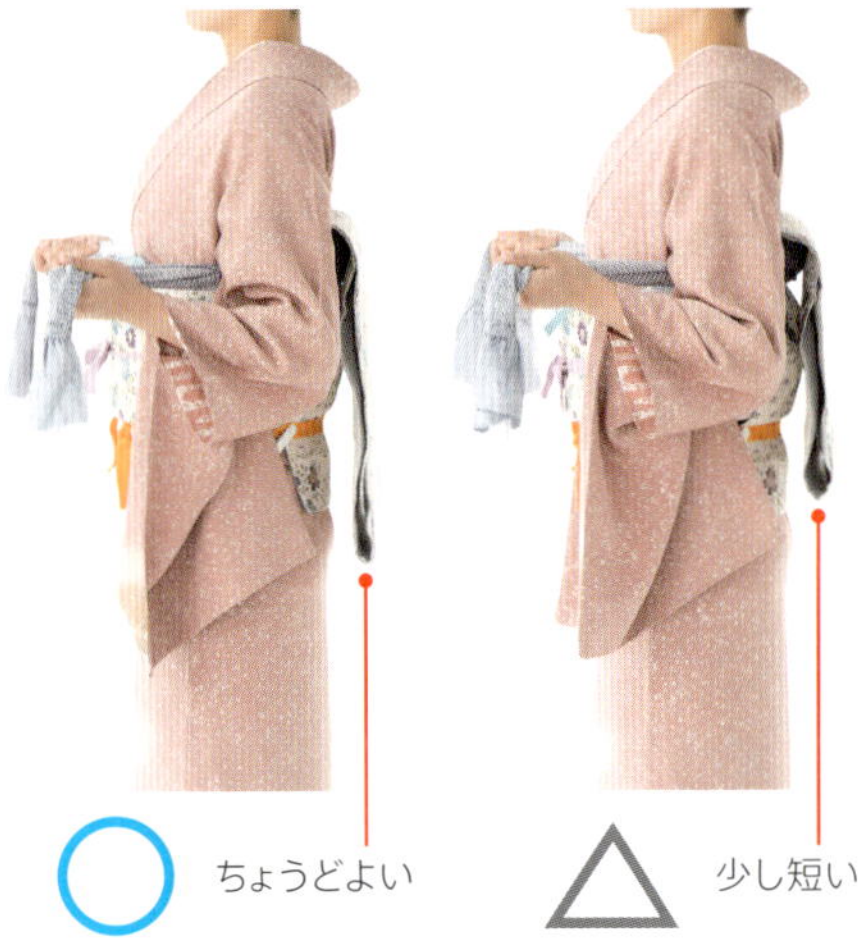

ちょうどよい
少し短い

5

仮紐C（オレンジ色）とたれ先を両手で持ち、胴に巻いた帯の下線まで持ち上げ、仮紐を前にまわして結びます。

＊写真ではわかりやすいように、たれを上げています。

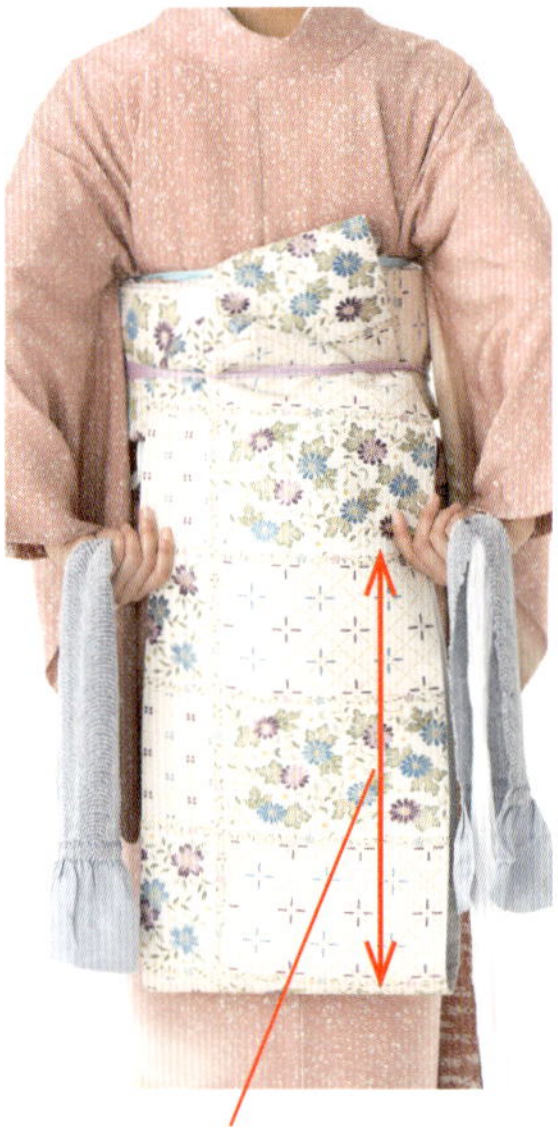

45センチくらい
あるとベスト

あらかじめ帯揚げをセットしておくと、時間の節約になる

6

帯枕に帯揚げをかぶせ、中央をゴム紐で留めます。二重になったたれの内側に、帯枕を入れます。

7

帯枕とたれを一緒に持ち上げ、帯枕を背中につけます。帯枕の紐と帯揚げを一緒に持ち、ぐっと前に引いて帯枕を体につけ、前で仮結びをします。ここで、たれの長さを確認し、短い場合は、6の帯枕を当てる位置を少し上にしてやり直します。

仮紐A

仮紐B

8 仮紐A(水色)と仮紐B(紫)を静かに引き抜きます。

9 胴に巻いた帯の下線に合わせて、仮紐D(白)をたれの内側に入れ、仮紐を軸にたれを内側に折ります。胴に巻いた帯の下線に沿わせて、仮紐を前にまわして結びます。

仮紐D

お太鼓の下線

お太鼓に緩みが出ないように

10 仮紐C（オレンジ色）を静かに引き抜きます。

11 前帯に留めておいたてを外し、後ろにまわしてお太鼓の中に入れます。ては左右から2～3センチ出します。

12 帯締めを2つに折り、輪のほうをお太鼓の中に入れ、ての幅の中央に当てて前にまわします。

13 体の中央で帯締めを結んだら、仮紐D（白）を静かに引き抜きます。
＊帯締めの結び方は108ページ。

14 帯枕の紐と帯揚げをほどき、まず帯枕の紐をしっかりと結びます。
＊帯枕の紐の結び方は117ページ。

二重太鼓のでき上がり。控えめなぼかしの訪問着には、金糸銀糸を抑えた軽やかな袋帯が調和する。

15 続いて、帯揚げをきれいに結び直して、でき上がり。
＊帯揚げの結び方は112ページ。

袋帯で二重太鼓

袋帯は名古屋帯に比べて長いので、重量感があります。手早くきれいに結んであげるには、やはり相手（着る人）とコミュニケーションをとりながら、結んでいくことが大切です。
・相手の体型と帯の長さを考慮して、ての長さやお太鼓の大きさなどを決めましょう。

華やかな訪問着には、豪華な袋帯が調和する。結婚式、式典、内祝い、パーティーなど、きものを着る目的に合わせて、帯結び全体の仕上がりを考える。

帯幅を半分に折っておく

六通柄の場合、一巻き目は無地
て

1
帯を左手で持って着る人の後ろに立ち、着る人の左脇から帯を入れて一巻き目を巻きます。巻いた帯を着る人にもらってもらい、帯の位置を相手に確認します。

柄止まりの位置は、背中心、左寄り、右寄りのいずれでもよい。かなり右寄りになる場合は、体の脇から無地が見えることがあるので、体の幅から出ないように注意する。

必要に応じて、帯の幅を出す
背中心
柄止まり

2
一巻き目を締めたら、てを左肩にあずけ、二巻き目を巻きます。柄止まりの位置は背中心に合わせるのが基本ですが、帯の長さや体型によって、多少左右にずれてもかまいません。

て
たれ

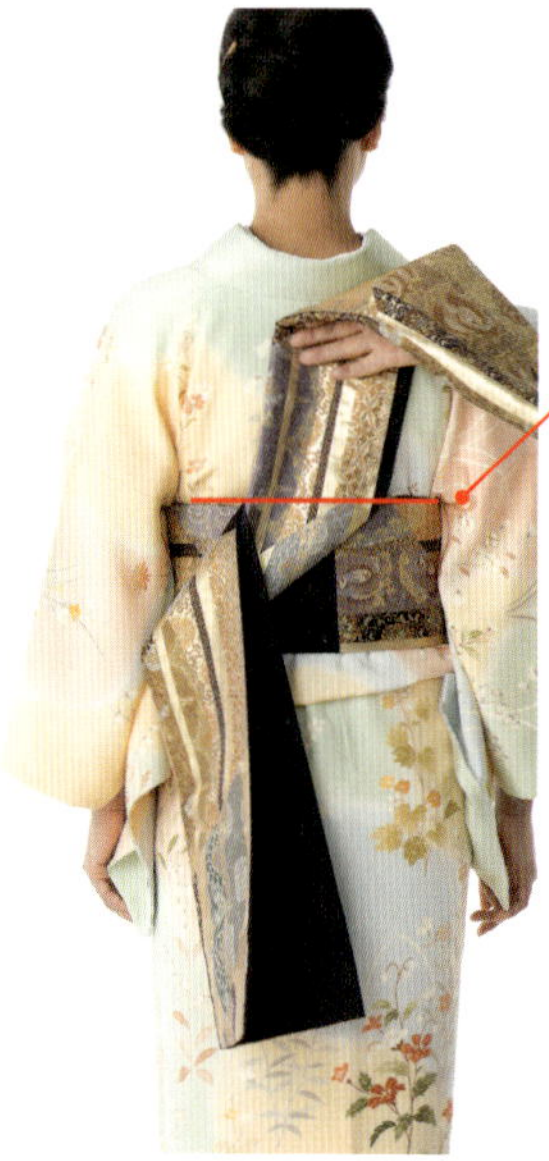
ここに仮紐を当てる

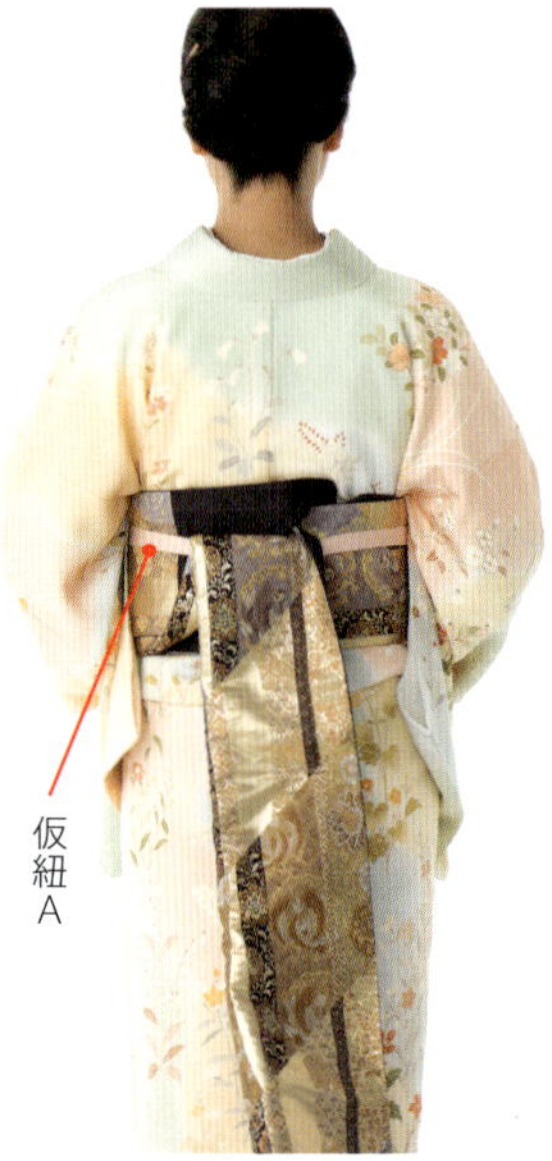
仮紐A

この部分に帯枕を当てる

3 二巻きしたら、左手でてを、右手でたれを持ってぎゅっと締め、てを下ろしてたれを折り上げます。
＊てとたれの処理については26〜31ページ。

4 てを前にまわし、前帯にクリップで留め、折り上げたたれの内側に仮紐A（ピンク）を当て、前で結びます。

5 たれを元からきれいに広げて布目を通し、たれ先を三角形に折ります。三角形に折ったたれの上側に帯枕を当てます。

たれを2枚重ねる
帯枕

6

帯枕を動かさないようにして残りのたれを2枚重ねて整え、帯枕ごとたれを持ちます。
＊慣れない人は、帯枕に帯揚げをかぶせて、ゴム紐で留めておくと安心。

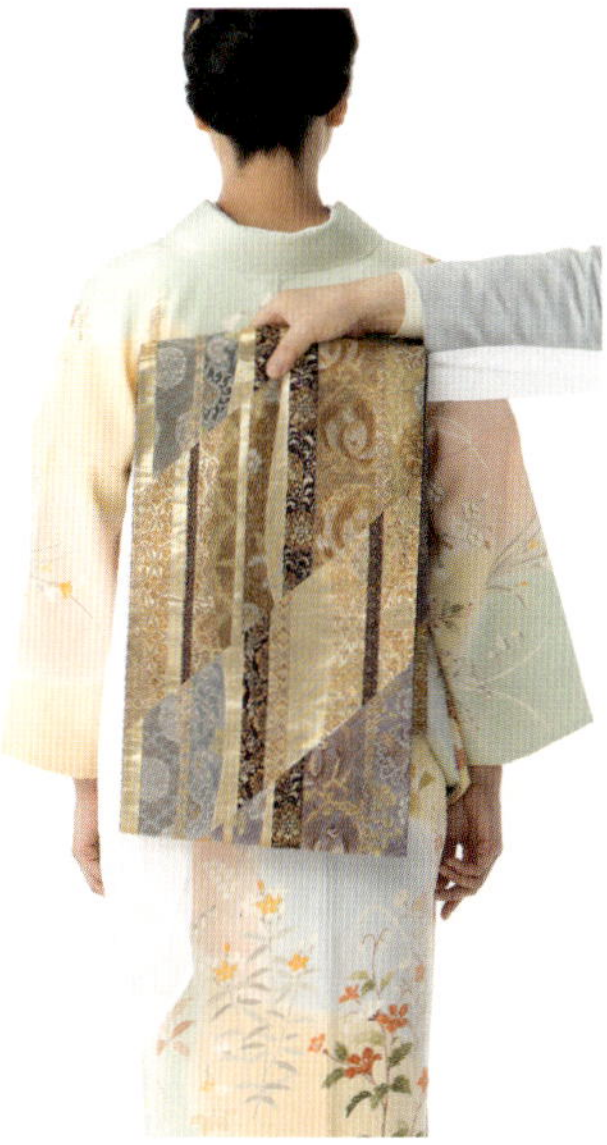

帯枕の紐をしっかり持ってもらう

7

胴に巻いた帯の上線にのせるように帯枕を背中に当て、帯枕の紐を前にまわします。

8

左手で前帯を押しながら右手で帯枕の紐を引き締め、帯の上で2回からげて片結びにします。余分な紐端を帯に入れ込みます。帯の上で結ぶと紐にゆとりが出るので、帯の中に入れやすくなります。

9

帯揚げを帯枕にかぶせます。

10

前にまわした帯揚げは、いったん着る人に持ってもらい、それから仮結びをします。

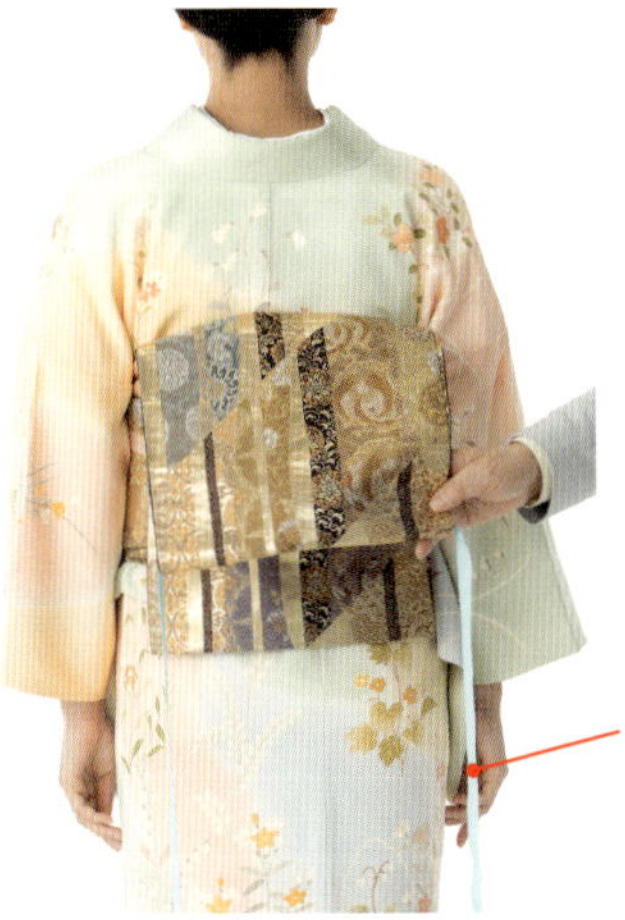

11

胴に巻いた帯の下線に合わせて、仮紐B（水色）をたれの内側に当て、仮紐を軸にたれを内側に折り上げます。仮紐は前で結びます。

12

仮紐A（ピンク）を引き抜きます。

13 前帯に留めておいたてを外して、お太鼓の中に入れ、右側からて先を3センチくらい出します。続いて、てを押さえるように帯締めを入れ、前にまわします。まわした帯締めは、着る人に持ってもらうといいでしょう。

て

帯締め

仮紐B

14 体の中央で帯締めを結び、仮紐B（水色）を静かに引き抜きます。
＊帯締めの結び方は１１０ページ。

布目がずれないように、真下に引く
衿幅
おはしょり

15 おはしょりの長さは、衿幅と同じくらいを目安にします。短いときは、帯の下のおはしょりを引いて整えます。

16 仮結びしていた帯揚げをほどき、きれいに結び直してでき上がり。
＊帯揚げの結び方は１１４ページ。

華やかな訪問着のときは、袋帯の前帯を少し幅出しすると、より豪華に見える。

横から見たときのお太鼓の形も大事。余分なたるみのないすっきりとしたフォルムが美しい。

袋帯で三筋太鼓《みすじだいこ》

袋帯を使った創作結びの一つです。お太鼓の左右から羽根を出し、たれの部分に3枚のひだをとりました。たれ先を重ねると、より華やかになります。

無地感覚のきものに結ぶと、帯結びが強調されて効果的。パーティーに最適。

1

帯を胴に二巻きしてから、てが上に出るように、てとたれを結びます。

＊胴に帯を二巻きする方法は20～25ページ。

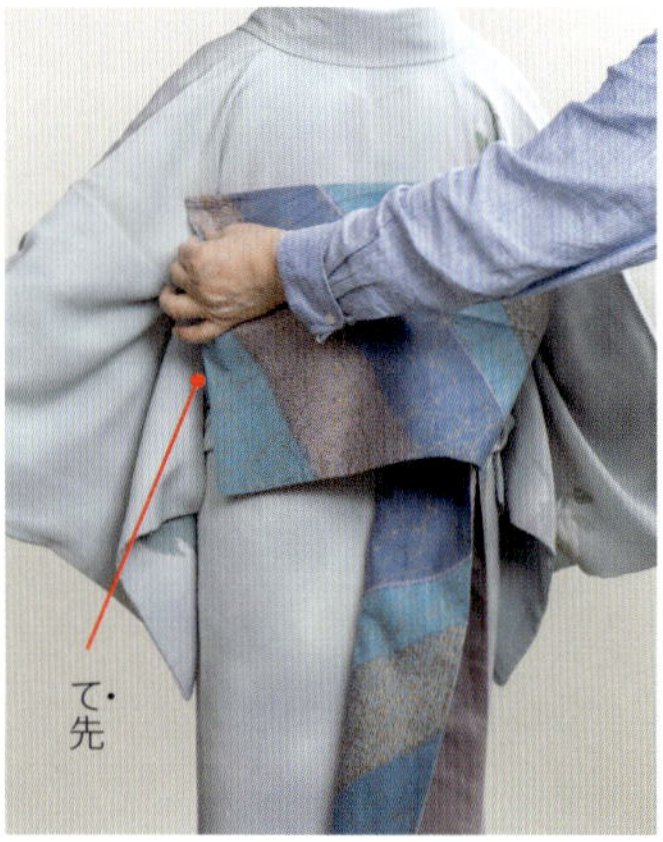

2

てを元からきれいに広げます。て先を左にして体の幅くらいを目安に羽根の長さをとります。

ゴム紐は結び目にも通す

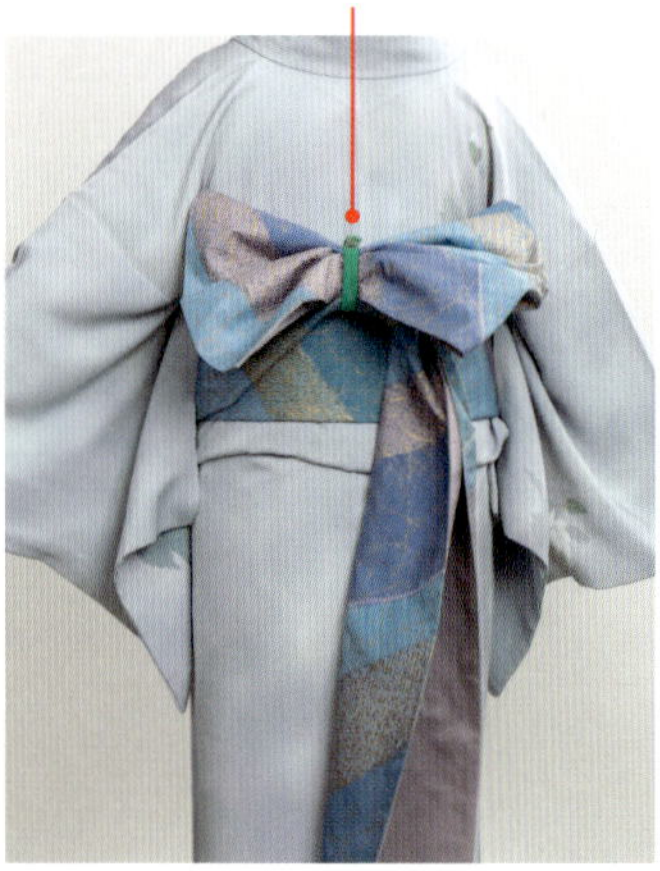

3

ての中央に山ひだを作り、てとたれの結び目にも通しながら、ゴム紐でひだの中心を留めます。これで羽根ができました。

4

たれを元からきれいに広げ、左から少しずつずらしながら、3枚のひだをとります。

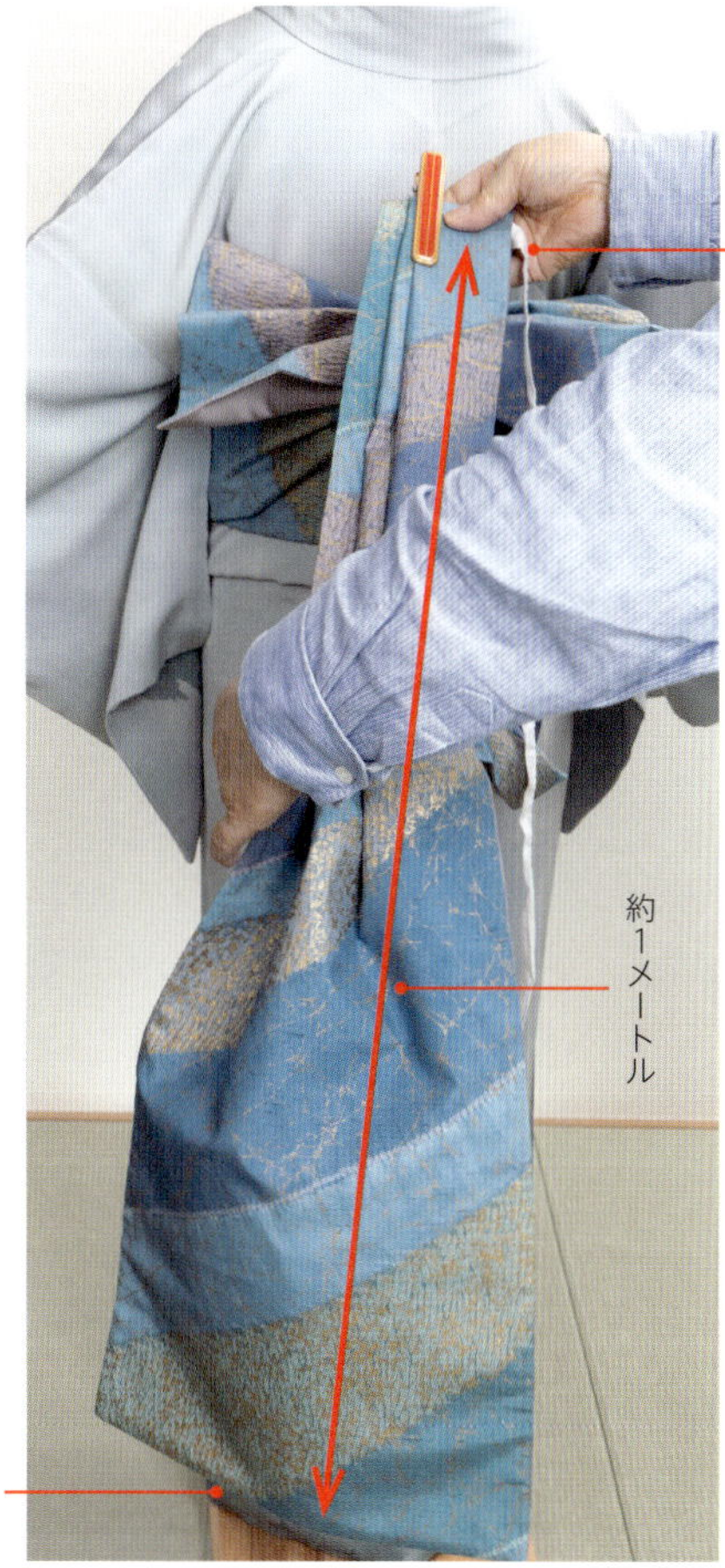

5

たれ先から約1メートルのところに仮紐A（白）を内側から当て、クリップで留めます。

6

クリップを持ち上げてたれを羽根の上にのせ、背中に当てたらクリップを外し、仮紐Aを前で結びます（仮紐は外さない）。たれのひだをきれいに整え、再びひだが広がらないようクリップで留めます。

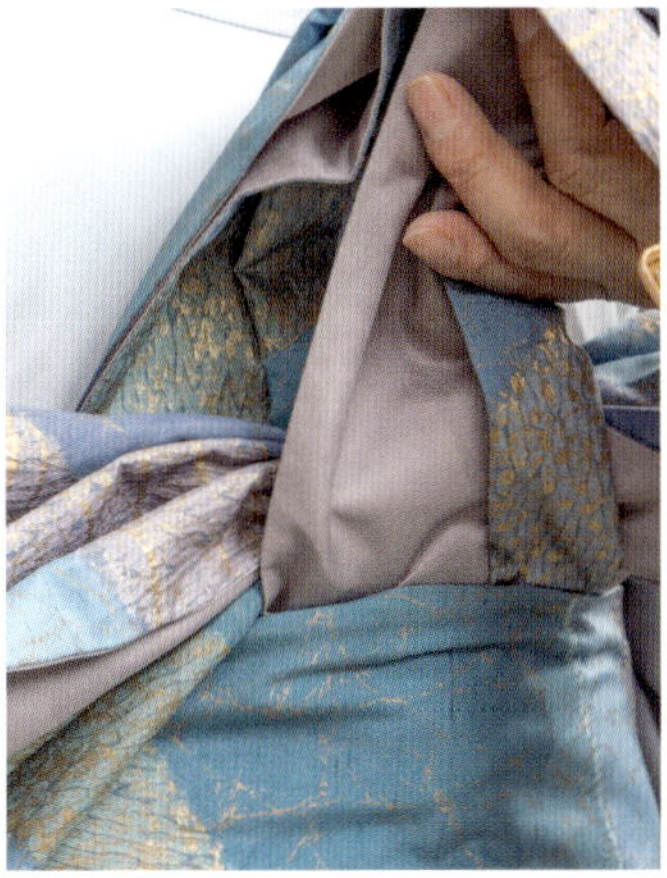

7

余ったたれを整えて、胴に巻いた帯の中にきれいに入れ込みます。

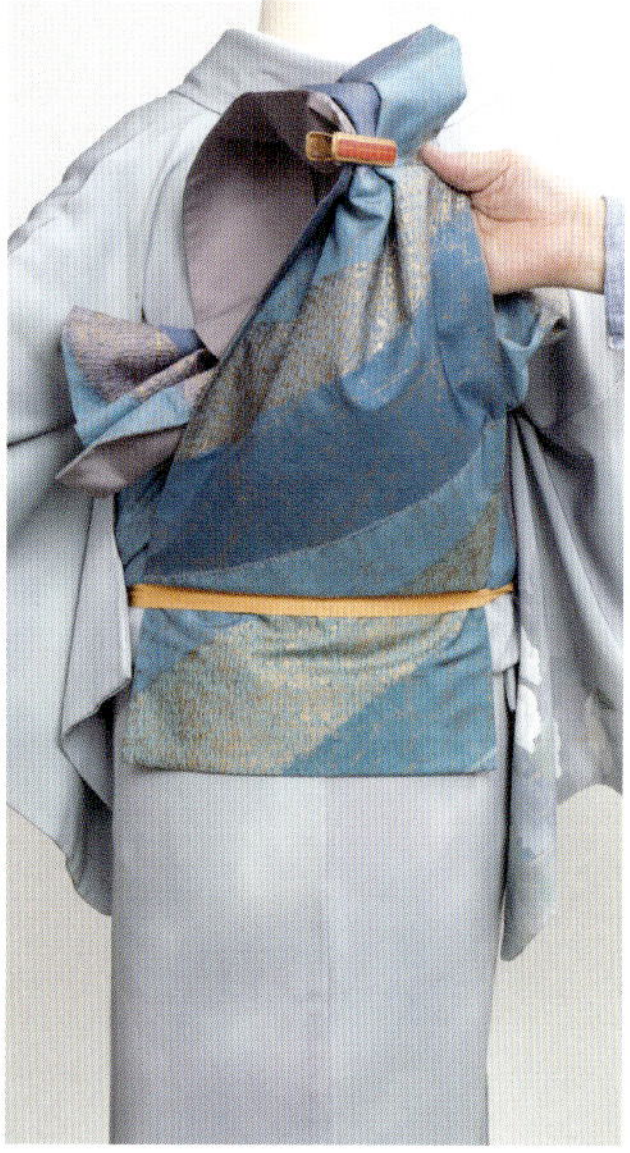

仮紐B

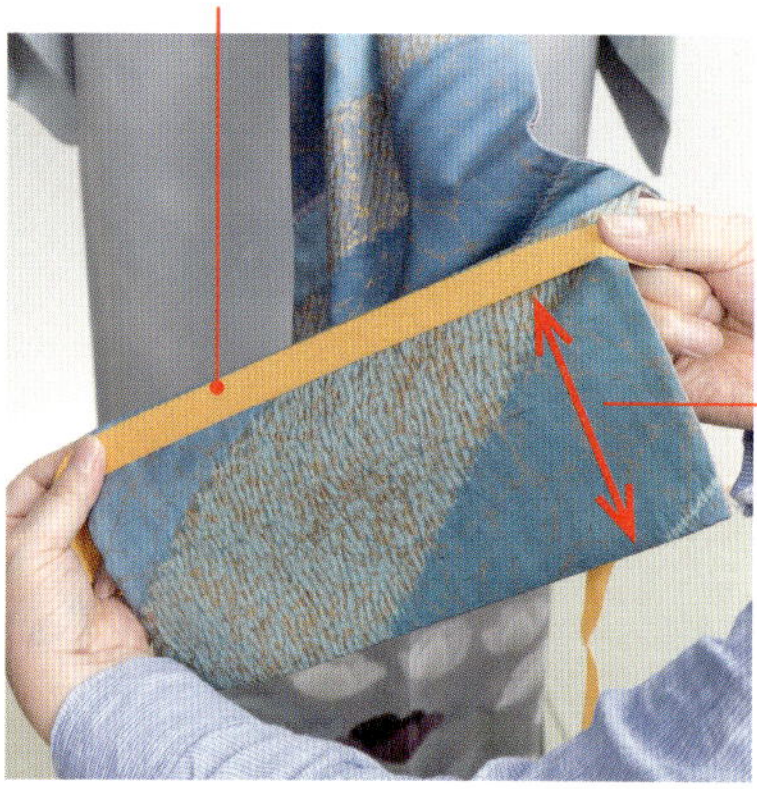

たれ先は長めに約15センチとる

8

たれ先から約15センチのところに仮紐B（オレンジ色）を当てます。仮紐を胴に巻いた帯の下線に合わせ、前にまわして結びます（仮紐は外さない）。

9

たれ先から7～8センチの位置でたれを折り、もう一段たれ先を作ります。最初に作ったたれ先に重ね、仮紐C（ピンク）で押さえて前にまわして結びます。

2枚目のたれ

7～8センチ

仮紐C

たれ先

10

クリップを外してひだの幅を均等に整えたら、たれに仮紐D（白）を入れてお太鼓を作ります。仮紐は前にまわして結びます。

11 左右の羽根を広げ、お太鼓のひだも整えます。

12 仮紐Aのところに細くたたんだ帯揚げを入れ、前にまわして結びます。
＊帯揚げの結び方は114ページ。

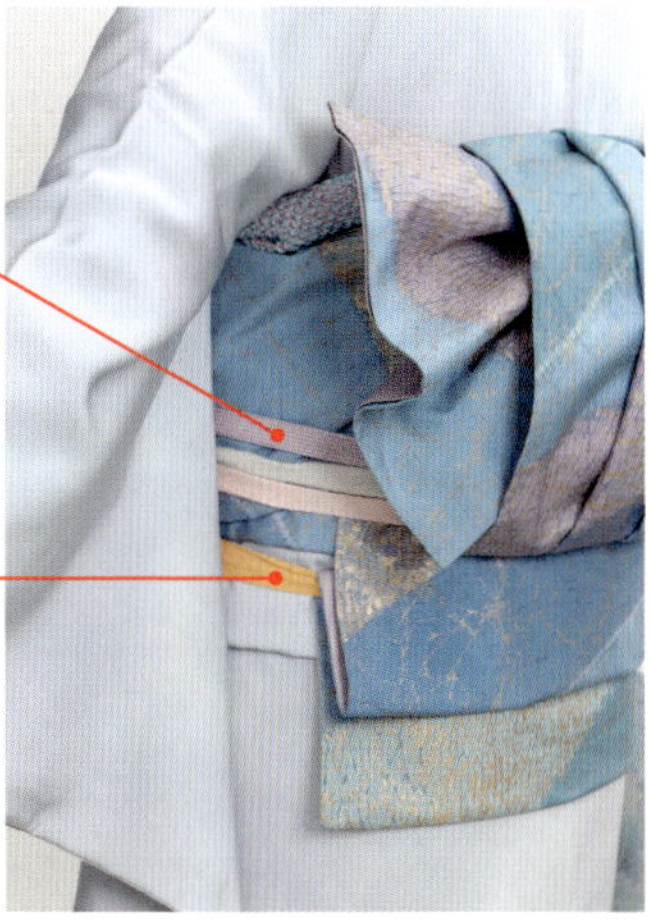

13 羽根の内側に帯締めを通して、前で結びます。仮紐CとDを静かに引き抜きます。仮紐Bは表から見えないように、帯の下側から中に入れてでき上がり。

総絞りの帯揚げと幅広の帯締めは、華やかな席に最適。

振袖のふくら雀《すずめ》に似た大人のアレンジ結び。お太鼓の三筋をやや末広がりにしてもよい。

結んであげる

袋帯で本《ほん》角《つの》出《だ》し

またの名を「引き抜き結び」ともよばれる本角出しは、袋帯の中でも、金糸銀糸の控えめな洒落袋帯を使って結びます。江戸時代はラフな感じのこの本角出しが人気で、帯締めを使わずささっと結べる粋な帯結びの一つでした。現代では自分で結ぶのは難しいため、手軽に結べる変わり角出しへと変化していったようです。

*変わり角出しは52ページ。

1

胴に帯を二巻きします。

*胴に帯を二巻きする手順は、20〜25ページ。

て
たれ

2

てを下、たれを上にして、重ねます。たれの元は結びやすいように、細く折ります。

帯が緩まないように、クリップで留める
て
たれ

3

そのままたれが上に出るように、てとたれを結びます。たれ先を引き抜かずに、たれをきれいに広げます。

たれ先は引き抜かない

4

おはしょりから10センチ下のところに、たれ先を合わせて、残りのたれを引き上げます。

おはしょり
て
たれ先

5

てとたれの元を持ってしっかりと結んだら、結び目を立てます。

結び目を立てる
て

6

てを右斜めに折り上げたら、たれをかぶせます。

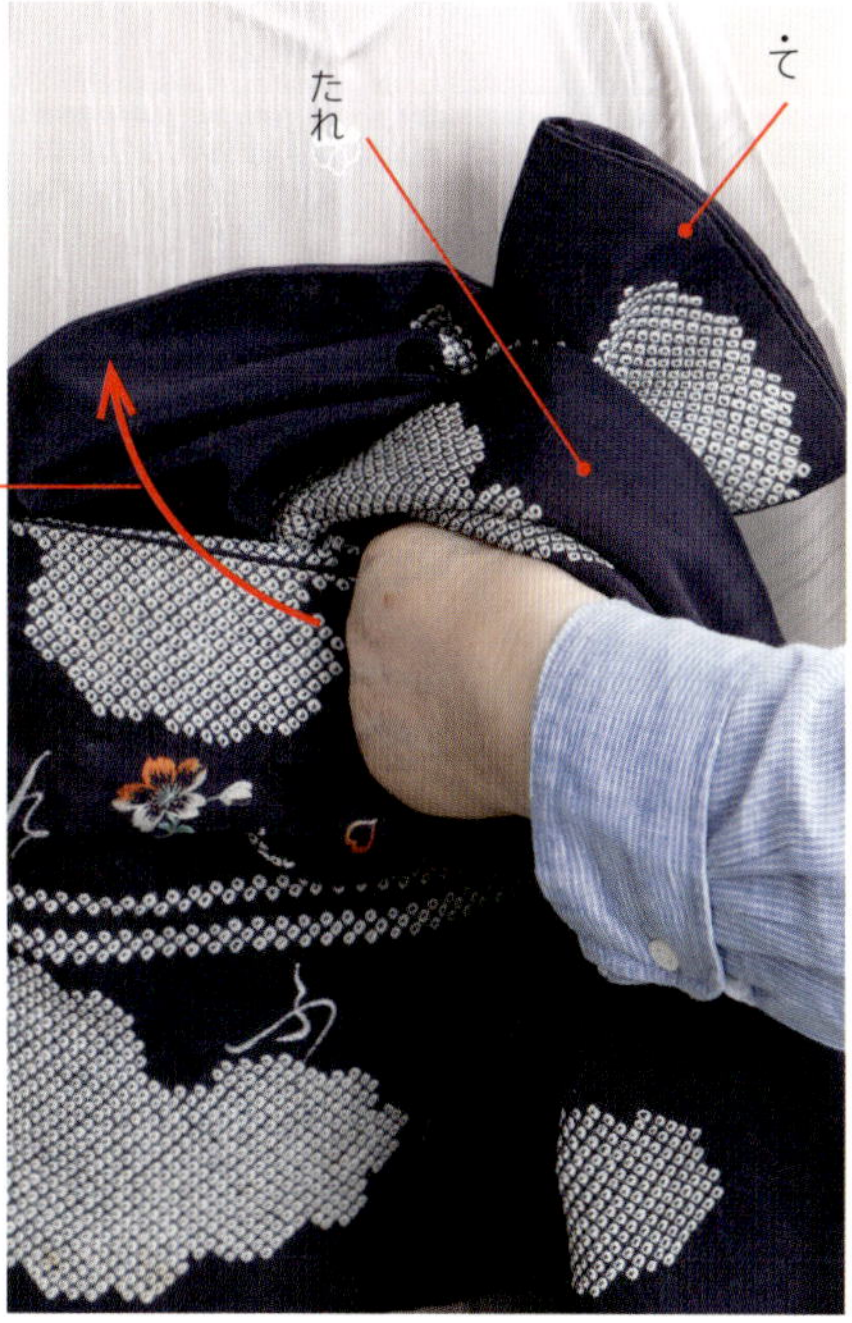
て
たれ
たれをての輪に通す

7

ての輪の中に、幅を半分に折ったたれを入れて抜きます。右側のてと抜いたたれが同じ長さになったところで、ぎゅっと結びます。これが角出しの角になります。

て
輪

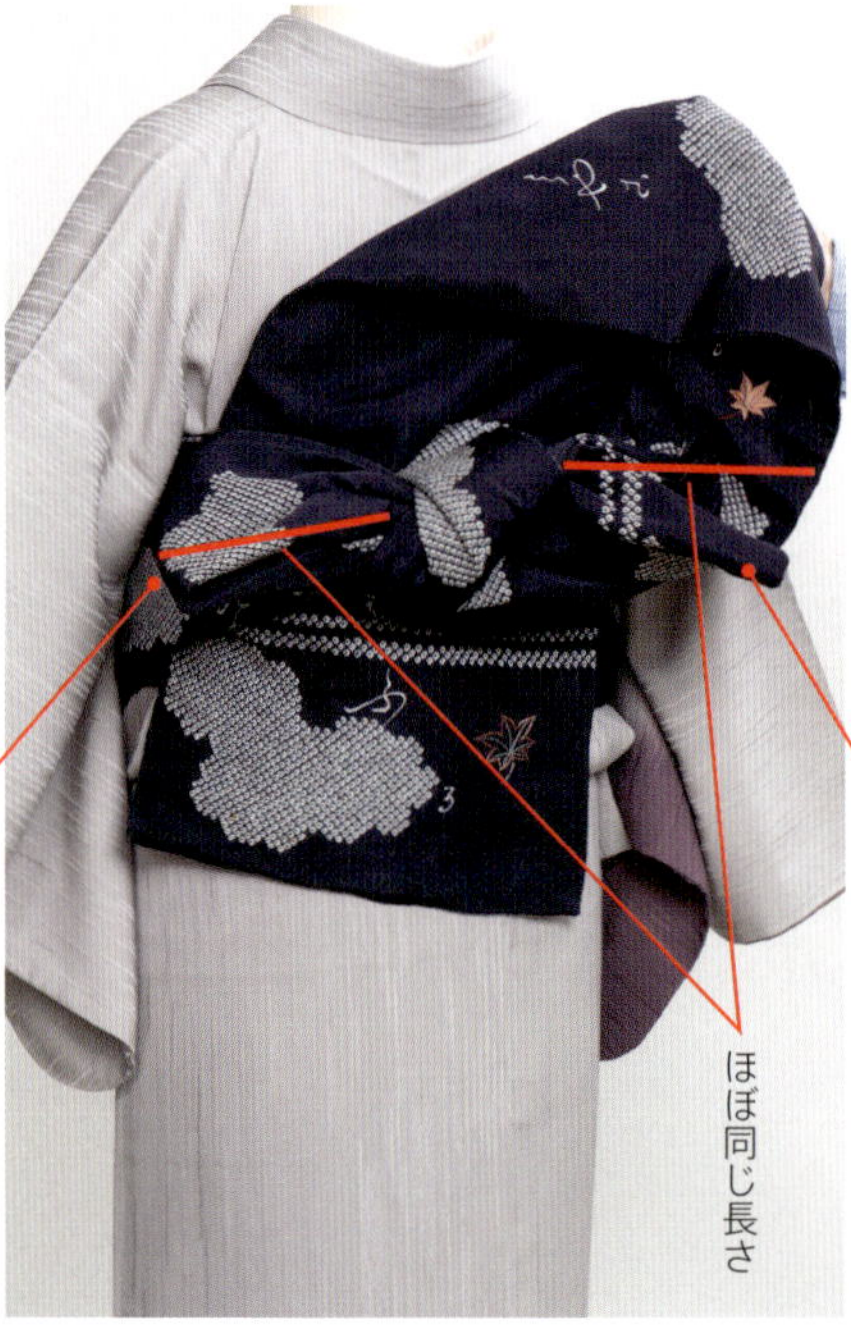
たれ
て
ほぼ同じ長さ

8

角の上にたれをかぶせ、布目を整えます。

9

仮紐をたれの中に通し、帯の柄を見ながらお太鼓の大きさを決めます。お太鼓を立体的に見せるために、お太鼓の山にタックをとります。

タックをとる
仮紐

前から見ると、帯締めをしないぶん、カジュアルな印象。

11
お太鼓の形を整え、仮紐を通したところに帯揚げを当て、前にまわして結びます。最後に角をやや水平に整えてでき上がり。

＊帯揚げの結び方は114ページ。

10
仮紐と一緒にタックをとったお太鼓の山を持ち、胴に巻いた帯の上線に当て、前にまわして結びます。仮紐は外さずに、帯の中にしまいます。

本角出しを横から見ると、上は平らで、下がふくらんでいるのがわかる。お太鼓の大きさや角の長さは、好みでアレンジを。

きものと帯の組み合わせ 2

染めのきものを帯の格で着分ける

趣味の集まり

濃い地の小紋に織り帯でモダンに

深みのある茶色地に草花を染めた無地場の多いシックな小紋。斜めに縞を織り出した名古屋帯を合わせると、きりっとした表情に。きれいな色の小物を合わせて、秋のお出かけに。

観劇

ぼかしの江戸小紋に染め帯ではんなり

落ち着いたえんじ色の江戸小紋に、個性的な絞りを施した染め名古屋帯の組み合わせは、粋ななかにも優しい印象。同系色の柔らかな帯揚げと帯締めを合わせて、歌舞伎や能に。

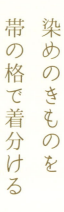

旅行

後染め小紋に
粋な織り帯で
今っぽく

紬地の白生地に、無地と横縞を市松風に染めたお洒落な小紋柄のきものは、合わせる帯で印象が変わる。モダンに決めたいなら、すっきりとした織り帯でクールなイメージに。

お茶会

飛び柄小紋に
有職《ゆうそく》文様の帯で
格を上げて

無地感覚の飛び柄小紋は、花丸の中に宝尽くしを散らしたおめでたい柄。平安時代に貴族が用いた有職文様の織り名古屋帯で、ドレスアップを。お茶席のほか、内祝いの席などに。

*きもの、帯、小物／壱の蔵 青山サロン

切らない作り帯で一重太鼓

作り帯にはさまざまな種類がありますが、ここで紹介するのは、帯を切らずにお太鼓と胴に巻く部分を作るやり方です。作り帯のメリットは、長さの短い帯でもお太鼓が結べること、お太鼓や前帯に自分の出したい柄が出せること、狭い空間や時間のないときに、手軽にお太鼓結びができることです。まずは、帯のセットの仕方を覚えましょう。

あらかじめ、お太鼓を作ってセットしておきます

お太鼓、胴に巻く部分を作り、帯揚げ、帯締めをセットしてクリップで留めておく。このままトランクに入れて旅先へ持っていくことも可能。

帯の作り方

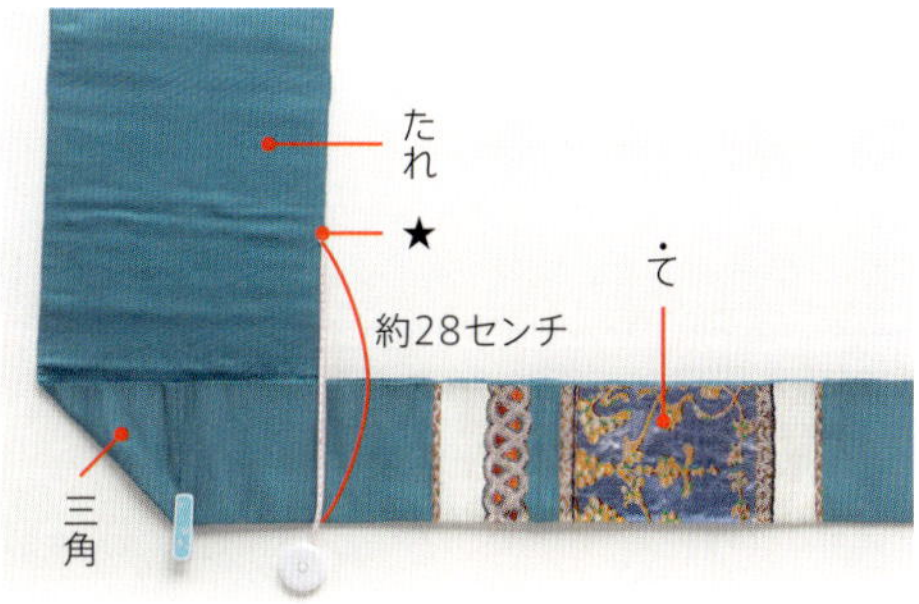

1 たれの裏を出して帯を広げ、三角をきれいに整えてクリップで留めます。胴に巻く帯の下側から約28センチ測ります（★のところ）。
＊松葉仕立てや額縁仕立ての名古屋帯の場合は、たれ先から１１０センチくらいのところを三角に折るとよい。

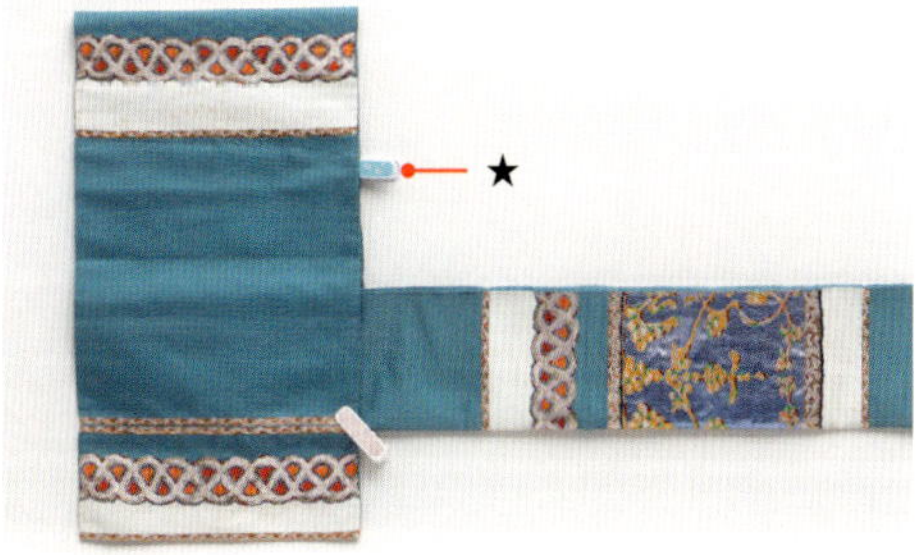

2 28センチのところ（★）をクリップで留め、たれをかぶせて、たれ先の長さを7〜8センチとります。たれ先と胴に巻く帯の下をクリップで留めます。

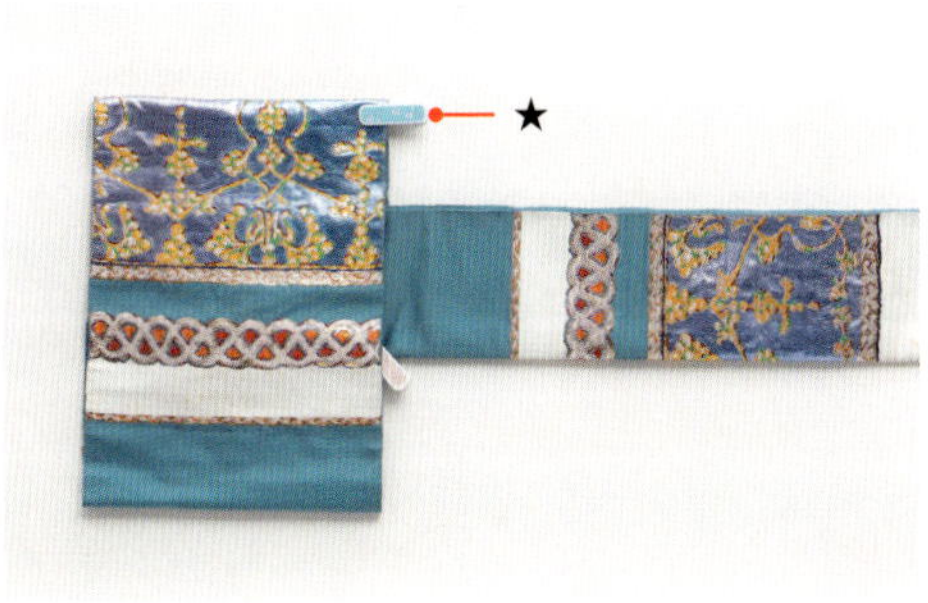

3 28センチのところ（★）をお太鼓の山にして、残りのたれを折り返します。

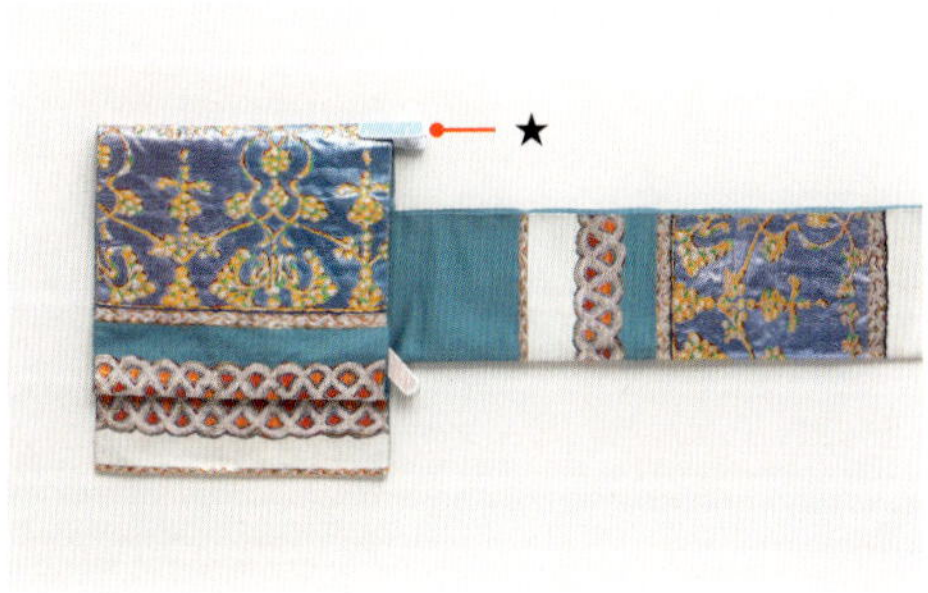

4 たれ先を留めたクリップを目安に、お太鼓を作ります。これで一重太鼓ができました。

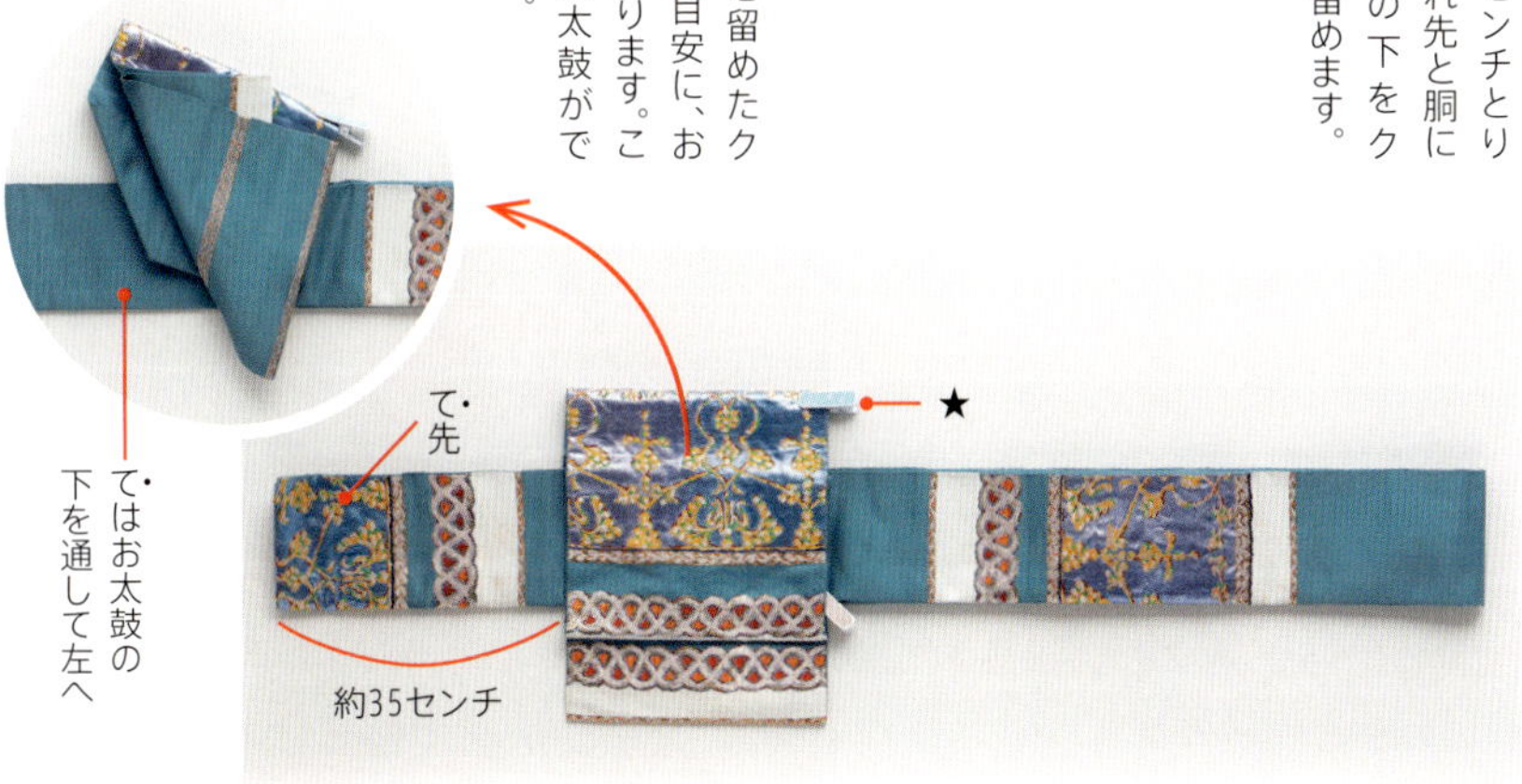

5 続いて、胴に巻く部分を作ります。てを外側に折り返してお太鼓の下を通過させ、左側に出します。

＊切らない作り帯のセットの仕方については、さまざまな方法があります。ここで紹介するのは一例です。

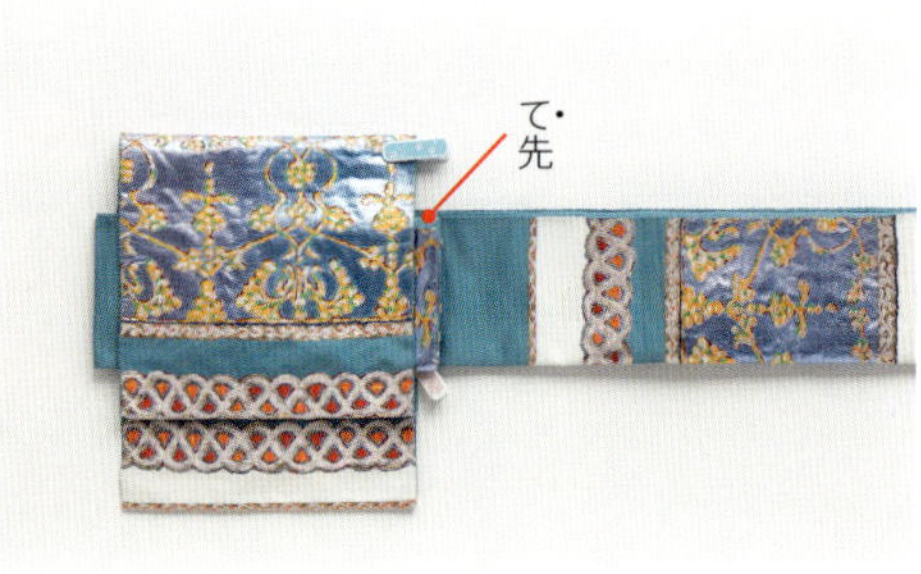

6 てを内側に折り返してお太鼓の中に入れ、て先を右側から2～3センチ出します。

7 帯枕に帯揚げをかぶせ、中央をゴム紐で留めてお太鼓の山に入れます。続いて、ての幅の中央に帯締めを通し、4か所をクリップで留めます。さらに、帯締めとお太鼓をクリップで留めると安心です。

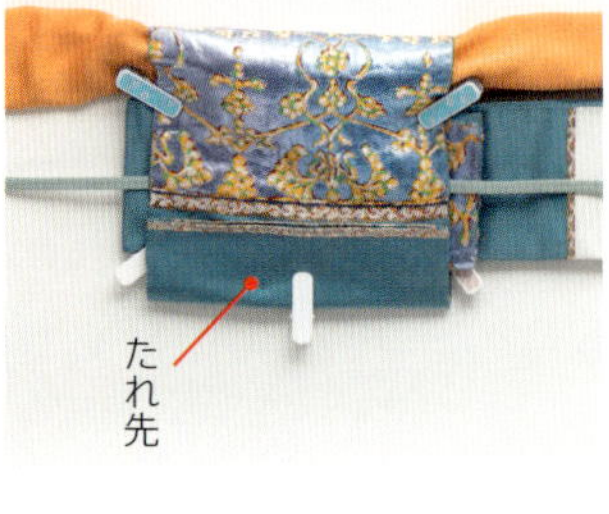

8 たれ先を折り上げて、クリップで固定して、作り帯のでき上がり。

作り帯の結び方

前から見たところ

1 お太鼓の山と胴に巻く部分を持ち、お太鼓の部分を背中に当てます。やや前かがみになると、背中に帯が密着します。帯枕の紐と帯揚げを持って、ぐっと前に引きます。

2
帯枕の紐と帯揚げは、前で仮結びをします。胴に巻く部分を胴に当て、2か所くらいをクリップで留めます。

4
てを引くのと同時に帯締めを当てて、胴に巻いた帯を押さえます。帯締めはしっかり結びます。
＊帯締めの結び方は108ページ。

5
すべてのクリップを外し、お太鼓の形を整え、帯枕の紐、帯揚げを結び直してでき上がり。
＊帯枕の紐の結び方は117ページ、帯揚げの結び方は112ページ。

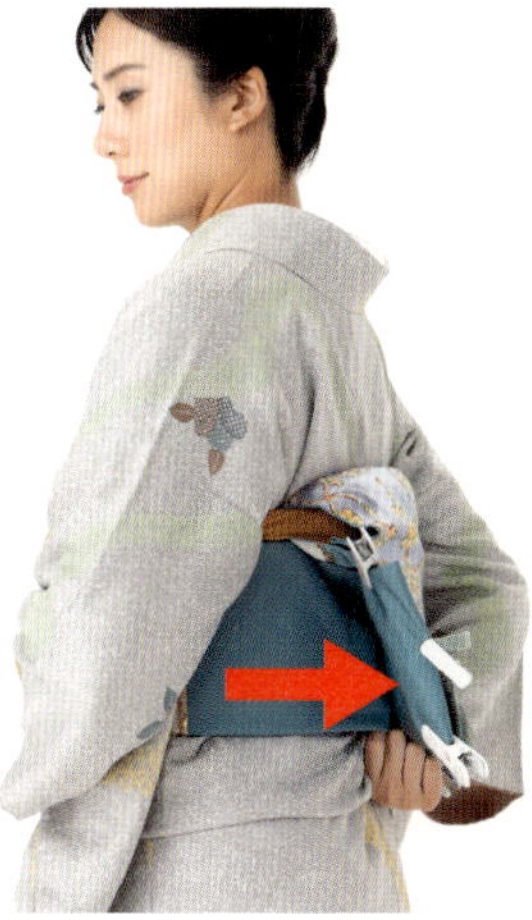

3
帯を胴に巻き、右手でてのわの部分をしっかり引きます。

表からは作り帯とは思えない美しい仕上がり。帯にもほとんどしわができない。

お太鼓の大きさは好みでアレンジを。

切らない作り帯で二重太鼓

長さのある袋帯の場合は、二重のお太鼓を作る手順が名古屋帯とは少し異なります。お太鼓の大きさは好みでアレンジしてください。

あっという間にできる二重太鼓は、海外など旅先でも大活躍。また、後ろに手をまわすのがつらい人にも好評。

帯の作り方

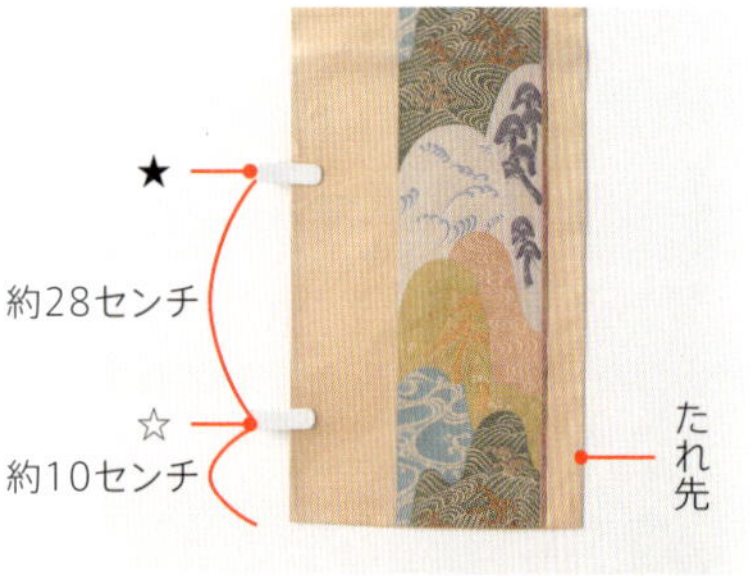
★
約28センチ
☆
約10センチ
たれ先

1 たれの表を出して広げます。たれ先から約10センチ(☆)、さらに約28センチ(★)のところを測り、クリップで留めます。

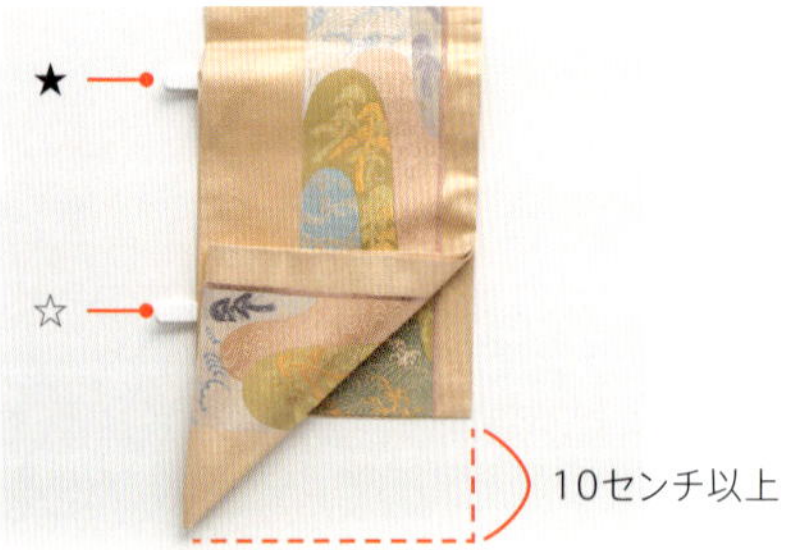
★
☆
10センチ以上

2 ★のところを軸にして、たれを折って二重にし、たれ先から最低10センチ長くとります。

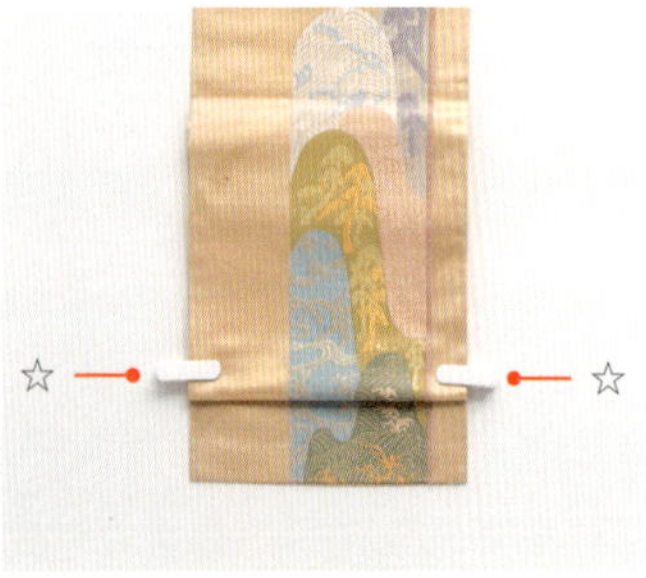
☆
☆

3 ☆のところでたれを内側に折り、お太鼓の下線を決めます。左右をクリップで留めます。

＊切らない作り帯のセットの仕方については、さまざまな方法があります。ここで紹介するのは一例です。

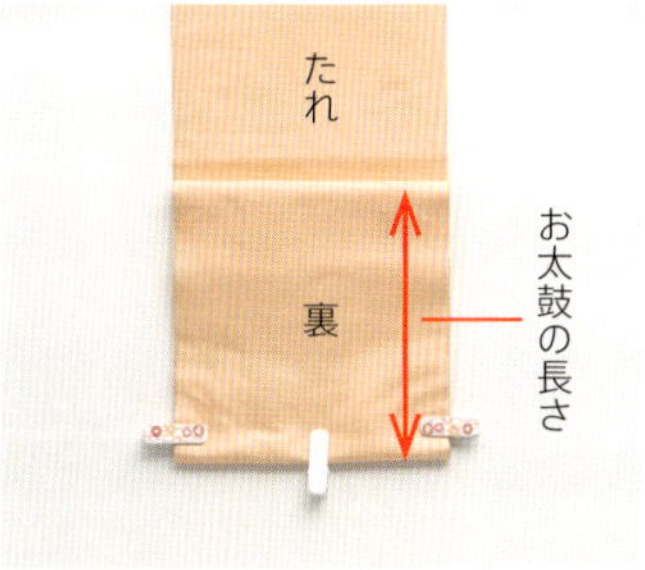

4 お太鼓の裏を出し、たれ先を表に折り返して、クリップで留めます。

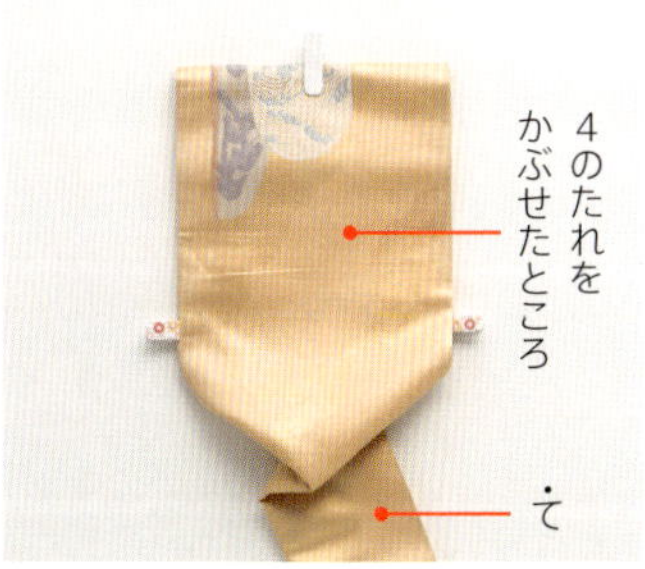

5 4のたれをお太鼓にかぶせ、お太鼓の上線をクリップで留めます。

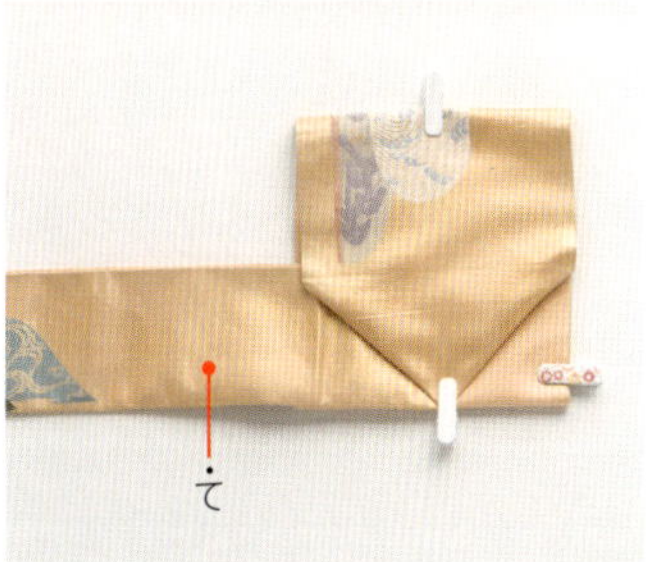

6 たれの三角をきれいに整え、てをたたんで、左に流します。お太鼓にての端を重ねてクリップで留めます。

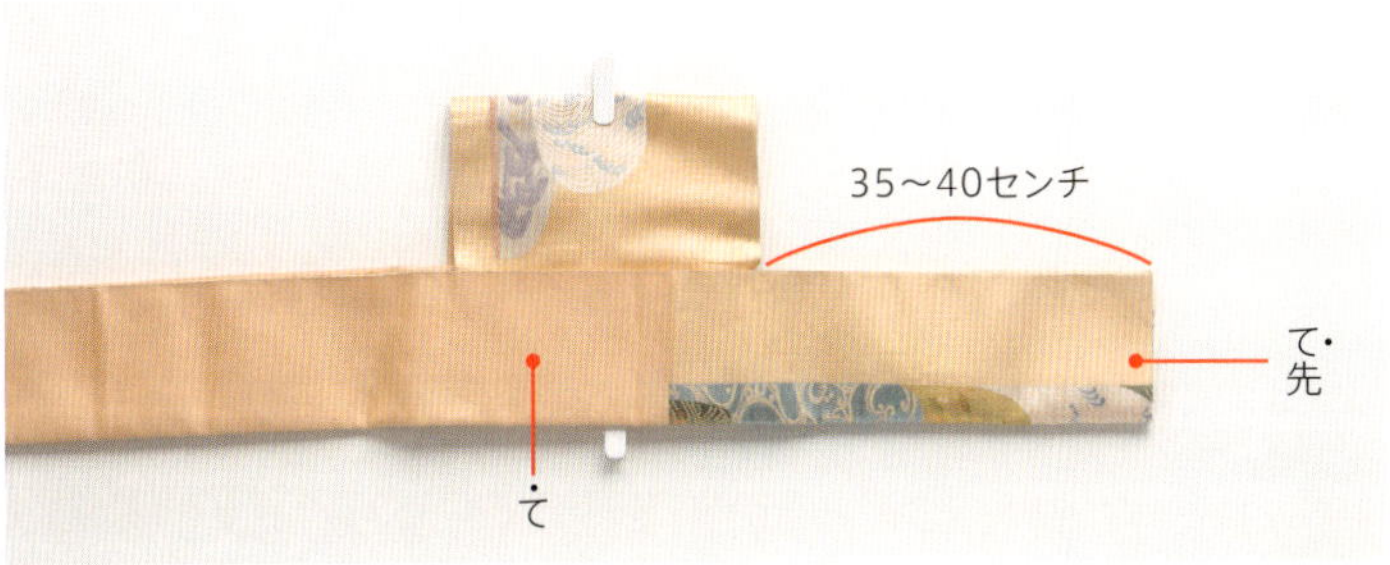

7 てを折り返して重ね、お太鼓からて先を35〜40センチ出します。

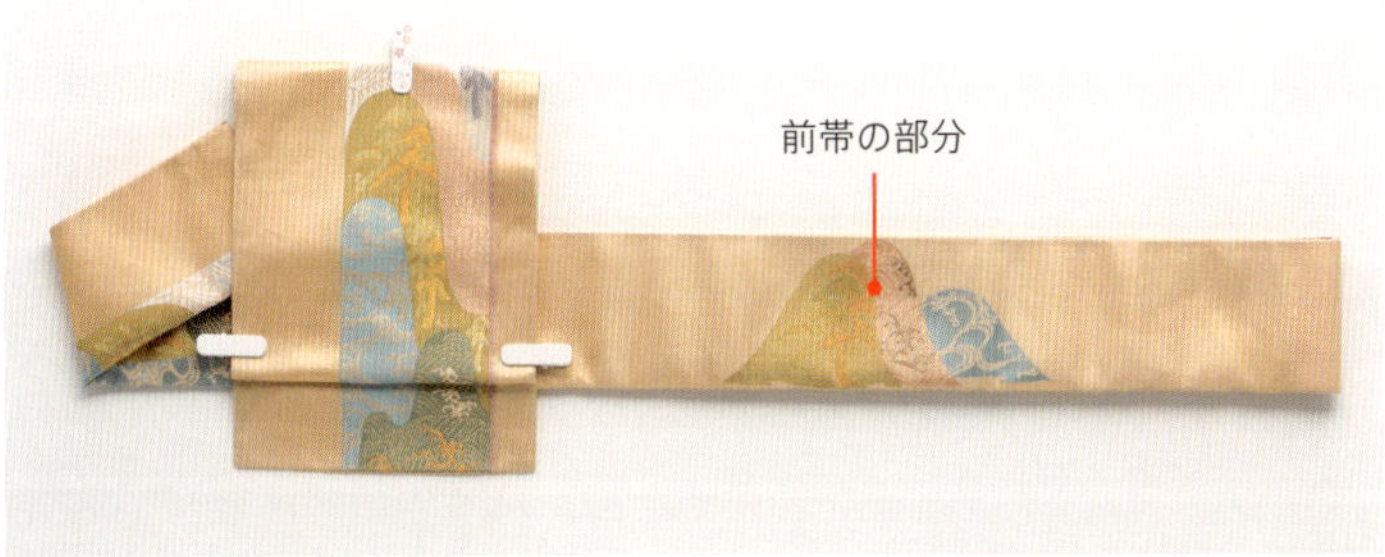

8 帯を静かに表に返してたれ先のクリップを外し、て先をお太鼓の中に入れます。

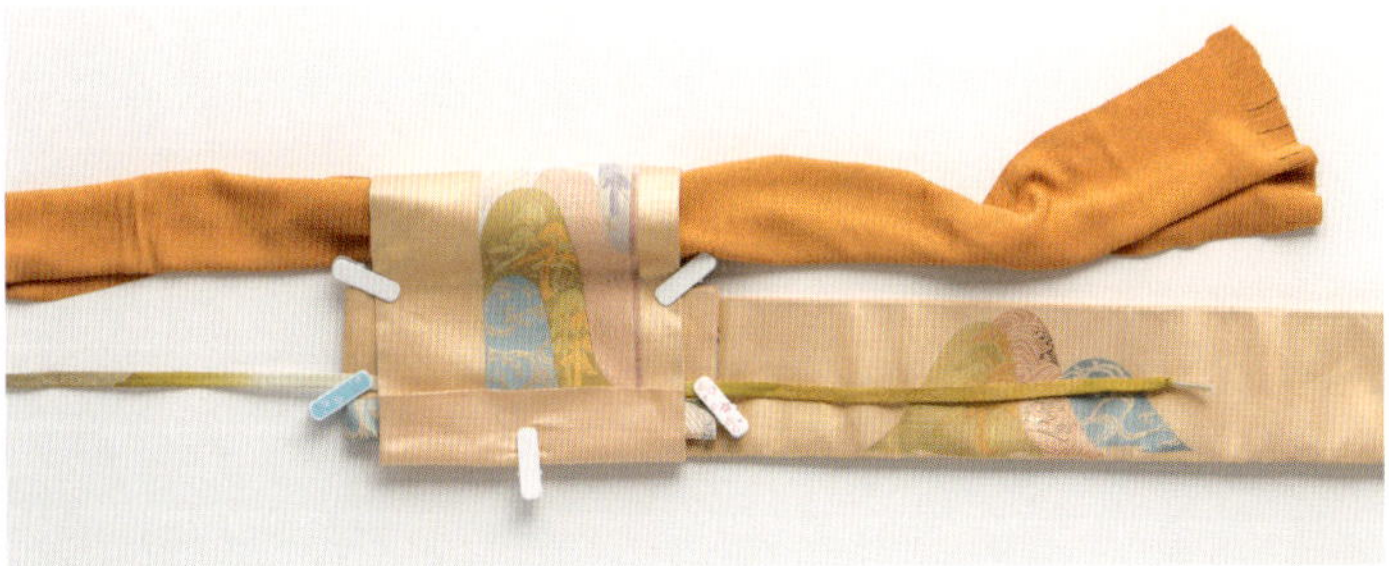

9 お太鼓からて先を3〜4センチ出します。お太鼓の中に帯揚げをかぶせた帯枕、帯締めを入れ4か所をクリップで留めます。たれ先を折り上げて、もう一度クリップで留めます。これでセット完了。

作り帯の結び方

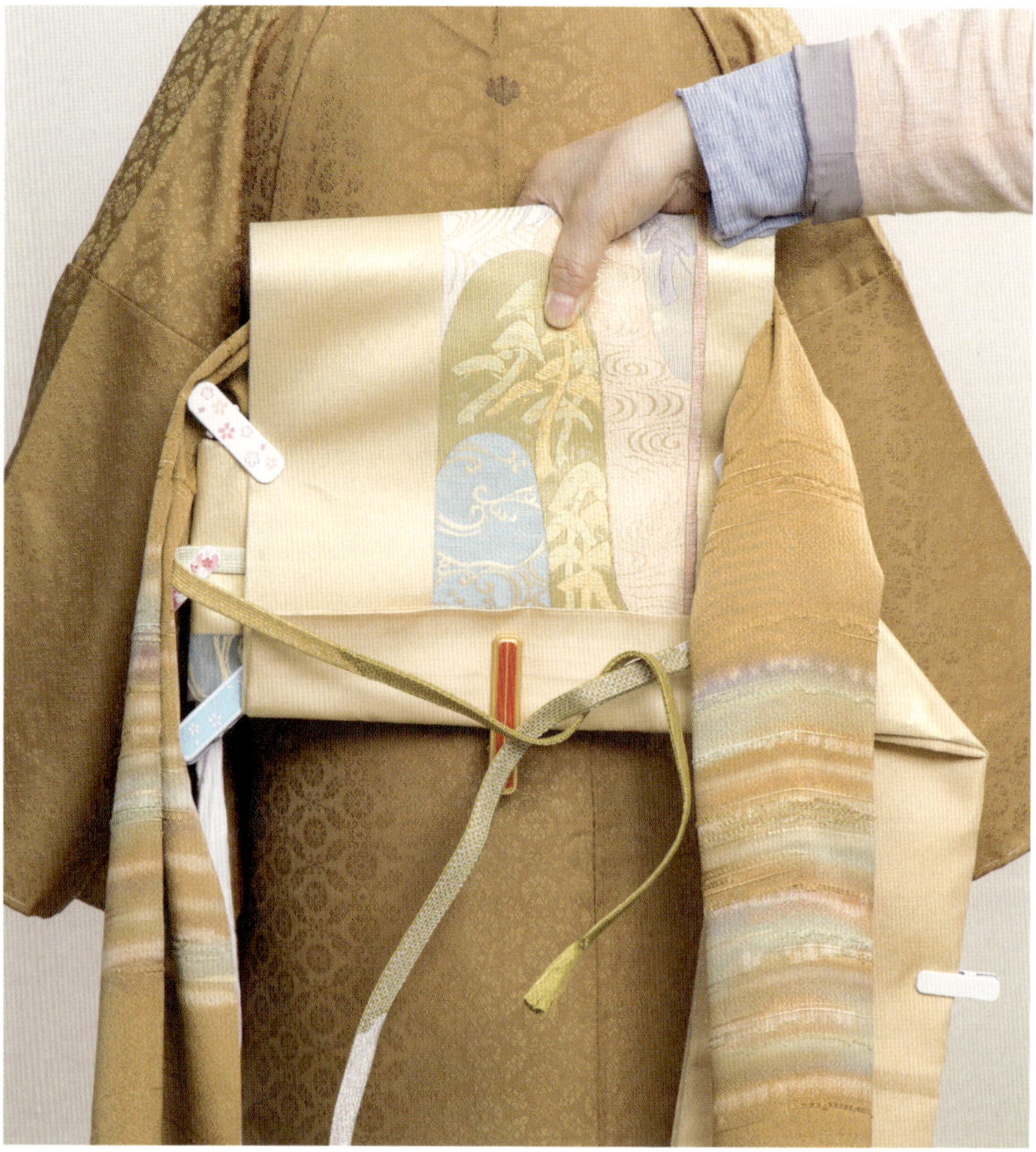

1
帯枕ごとお太鼓を持ち、背中に当て、バランスを確認します。

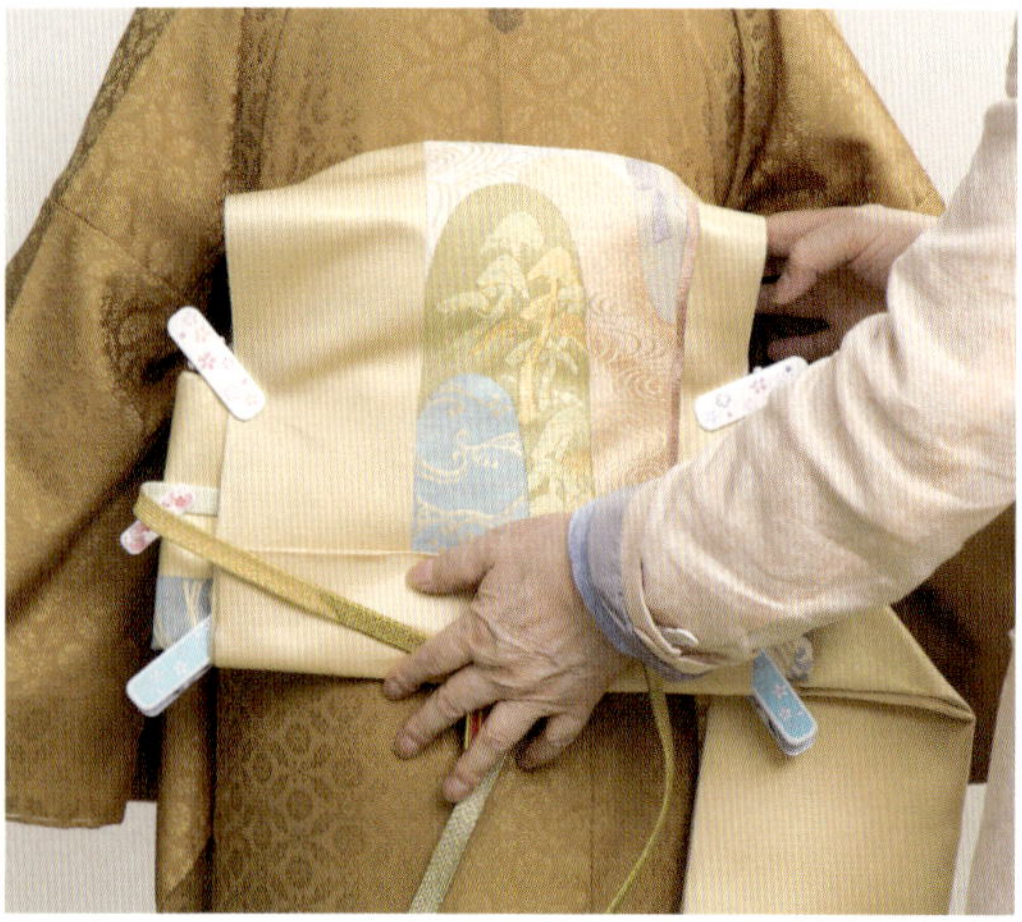

2
お太鼓を背中に沿わせて、帯枕の紐と帯揚げを前にまわして、仮結びをします。

3

てを胴に巻き、できるだけ背中のほうで締めます。

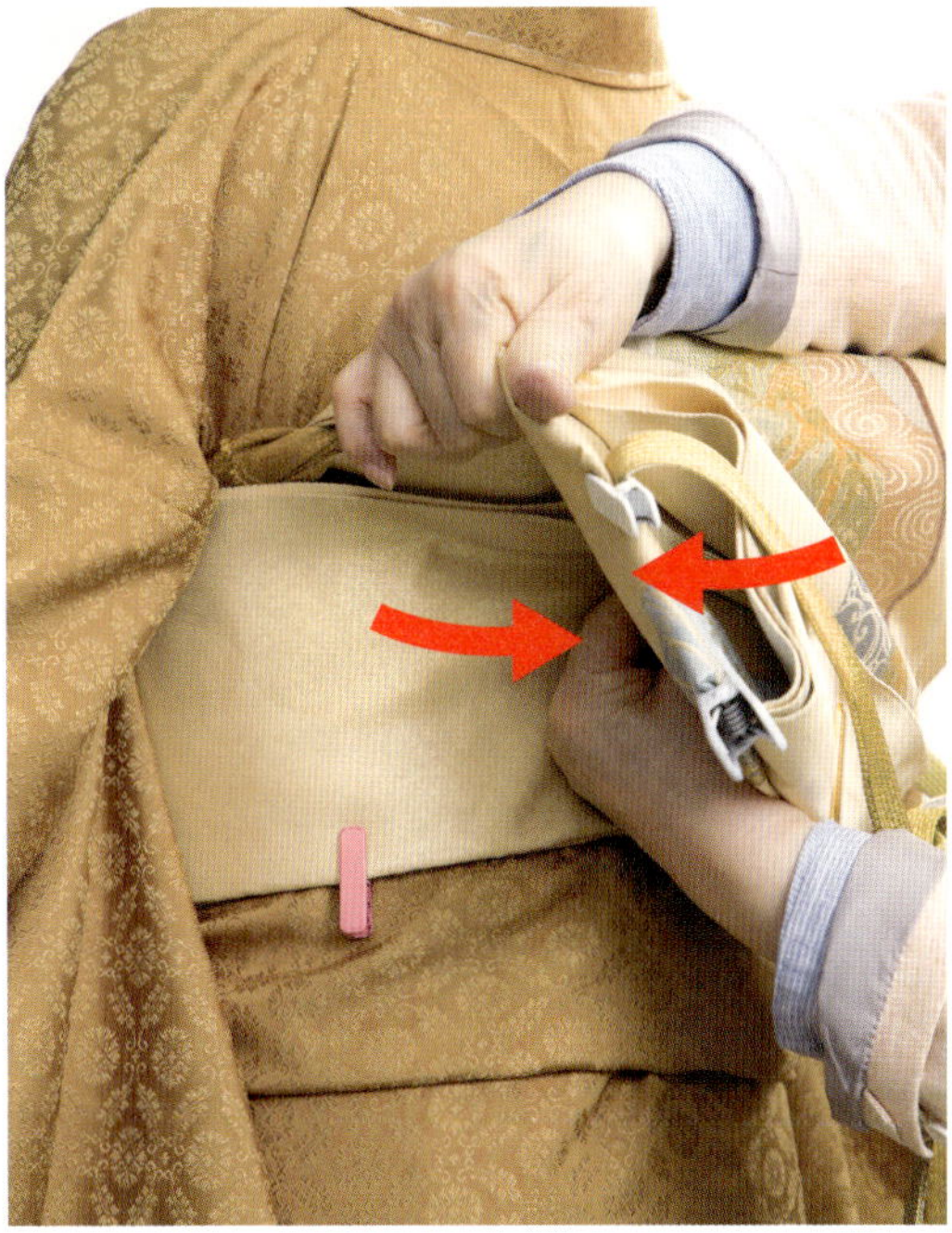

4

てを引きながら、同時に帯締めを当て、前にまわして緩まないように押さえます。

5

帯締めをしっかりと結びます。

＊帯締めの結び方は110ページ。

6

帯枕の紐と帯揚げをほどいて、結び直します。

＊帯枕の紐の結び方は117ページ、帯揚げの結び方は114ページ。

7

すべてのクリップを外し、お太鼓を整えてでき上がり。

半幅帯でりぼんばさみ

・胴に巻いた帯にてやたれをはさみ込む結び方は、男性の角帯の定番です。
・それを女性用にアレンジしてみました。て先でりぼんを作ってから、胴に巻いた帯にたれをはさんで固定するだけ。帯締めで押さえることで、さらに安定します。

りぼんをやや斜めにすると子どもっぽくならないので、大人の女性にもおすすめ。帯下からたれを出すことで、体型カバーにも。

グレーの小紋にイラストふうの柄が楽しいポップな半幅帯。グレーとピンクで甘すぎないお洒落を。

1 ての帯幅を半分に折り、体の中央からての長さを50センチほどとって、右肩にあずけます。胴に巻く部分を三角形に折って帯板の中央に当て、クリップで留めます。

2 胴に帯を二巻きしたら、左手で三角形の下、右手でたれの下側を持ってぎゅっと締めます。

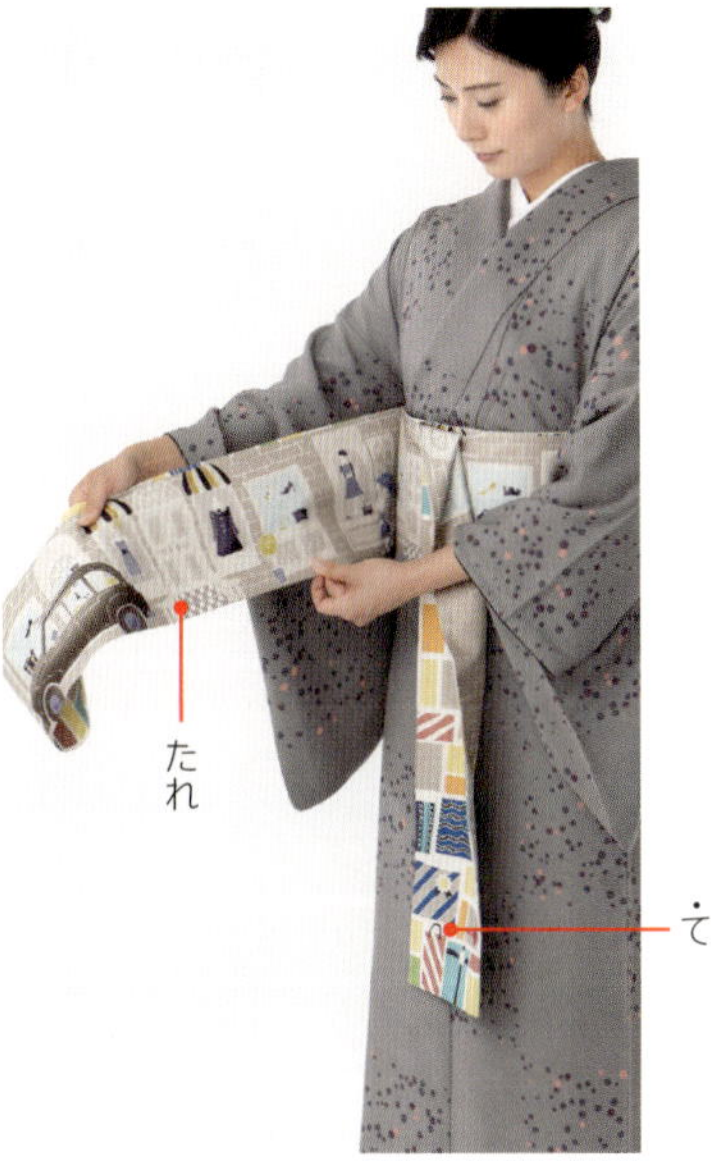

3 てを下ろし、たれ先から内側に折り返して、たれとてが同じ長さになるように調整します。

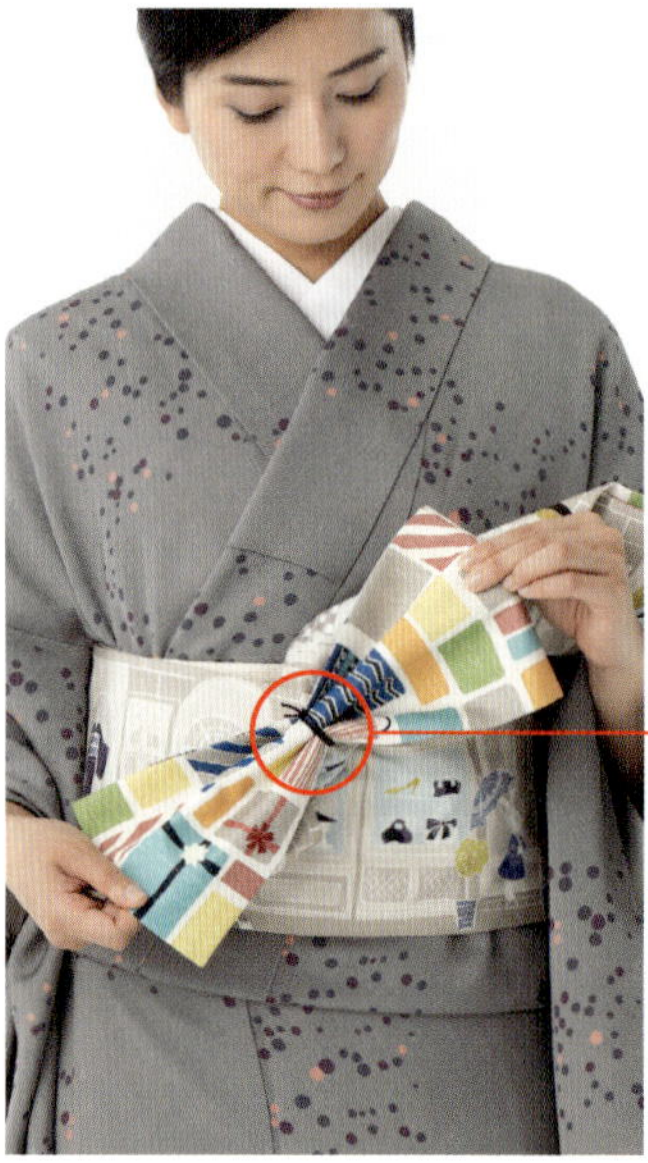

4 てにたれを重ね、体の中央でたれが上に出るように、結びます。

5 てを元から広げ、帯の裏側を出して長さを半分にたたみ、羽根を作ります。羽根の中心に山ひだをとって、ゴムで留めます。

6 羽根の上にたれをかぶせ、胴に巻いた帯の中に入れ込みます。

羽根を斜めにする

7 入れ込んだたれを帯の下から出します。たれの輪に帯揚げを通し、後ろで仮結びをします。
＊帯揚げは省略してもよい。

8 左右の羽根を均等に出して整え、右まわりにゆっくりと後ろへまわします。帯揚げを結び直したら、でき上がり。
＊帯揚げの結び方は112ページ。

好みで帯締めを結ぶ。はさんだたれが安定し、見た目も華やかになる。

半幅帯でりぼんパタパタ

リバーシブルの半幅帯を利用したエレガントな結び方です。5～6枚の羽根が重なっているため、動くたびに羽根が上下に揺れてパタパタと動くことから、親しみを込めてこの名前をつけました。

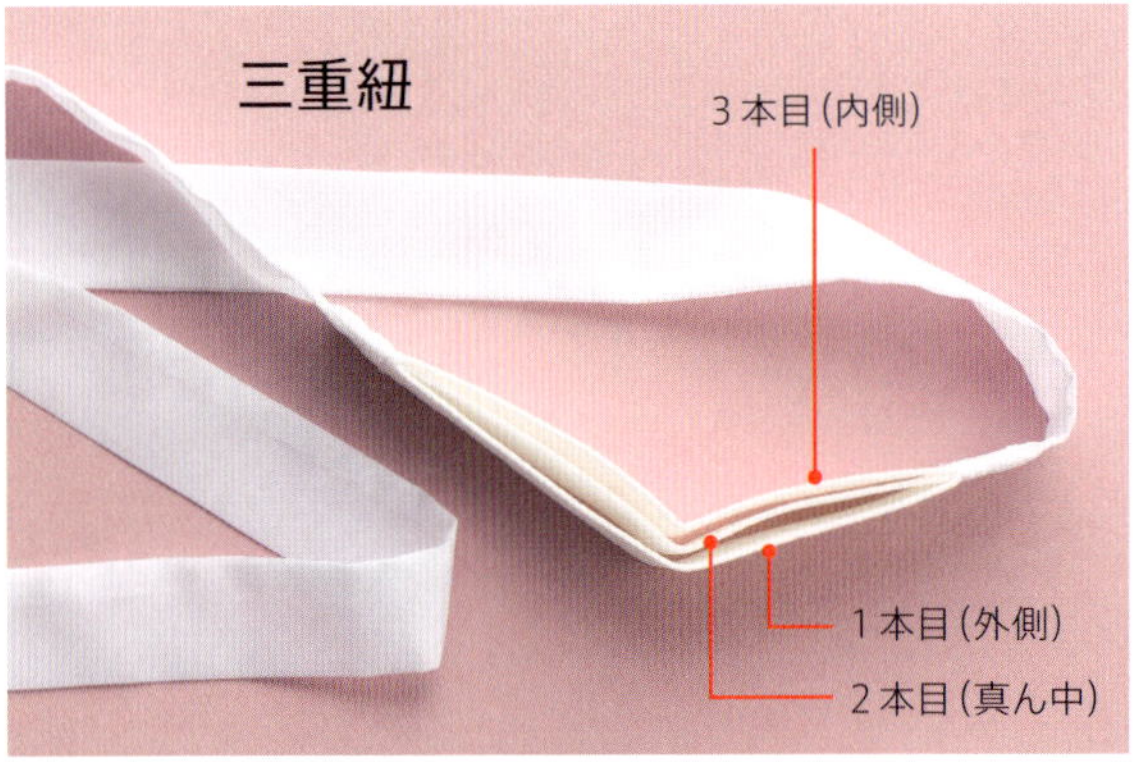
三重紐
3本目（内側）
1本目（外側）
2本目（真ん中）

浴衣感覚で着られる絹紅梅《きぬこうばい》のきものに、博多帯の組み合わせ。帯締めで遊んでアクセントを。

たれ先を長く垂らすことで体型カバーにもなるので、年代を問わず結べる。

1 ての帯幅を半分に折り、ての長さを約40センチ（通常より短め）とって右肩にあずけます。胴に帯を二巻きし、体の中央で、てが上に出るようにてとたれを結びます。

2 胴に巻いた帯の上線に沿って、三重紐を当てて後ろで結びます。

3 てを広げて長さを半分に折り、中心に山ひだをとって片側の長さが10センチ程度の羽根を作ります。羽根の中心を三重紐の2本目にはさみます。

4

たれの裏側を出して広げ、右上に折り上げて、約10センチの羽根をとります。中心に山ひだを作って、三重紐の3本目にはさみます。

5

同じようにして、反対側にたれを折り上げて羽根を作り、三重紐の1本目で押さえます。これで4枚の羽根ができました。

たれ先を長めに

6

残りのたれでもう1枚羽根を作り、いちばん外側の三重紐にはさみます。たれ先は胴に巻いた帯の下線から少し出るようにします。

帯揚げは細くたたむ

たれをねじって表側を出す

三重紐は外さない

7

羽根の形を整え、三重紐に重ねて帯揚げを当て、後ろで仮結びをします。ここでは、この後、全体の柄のバランスを考えて、たれの表側を出しました。

8

結び目と帯揚げを一緒に持って後ろにまわし、三重紐と帯揚げを結び直します。三重紐は帯枕の紐と同じように結びます。帯揚げを結び直して、でき上がり。

＊帯枕の紐の結び方は117ページ、帯揚げの結び方は112ページ。

横から見ると、羽根がパタパタ動いているかのよう。張りのある兵児帯などで結んでも。

半幅帯で重ね太鼓

リバーシブルの半幅帯を効果的に使った帯結びです。てとたれを2枚並べ、それを胴に巻いた帯にはさんでお太鼓にしました。お太鼓は帯締めで押さえていないので、体から離れています。

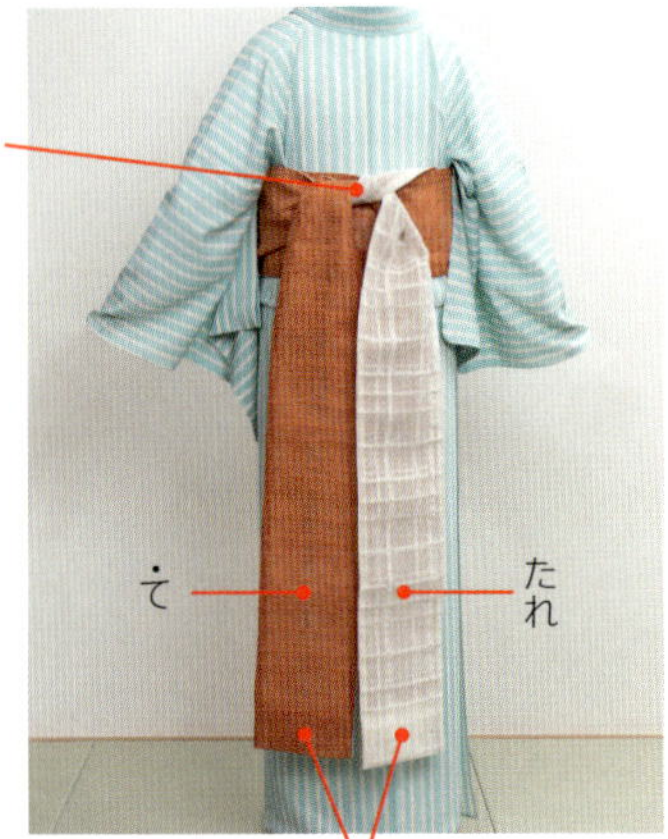

やや緩めに結ぶ
て
たれ
てとたれは同じ長さ

1 胴に帯を二巻きしたら、てとたれが同じ長さになるように結びます。

2 てとたれを一緒に持ち、胴に巻いた帯と背中の間に入れます。

て先とたれ先の長さは好みで

3 胴に巻いた帯の下から、て先とたれ先を出します。

夏のきものに麻の帯を合わせた爽やかな装い。

てとたれを並べて、幅広のお太鼓に。

4

て先とたれ先の長さを決めたら、てとたれの元をしっかりと結びます。

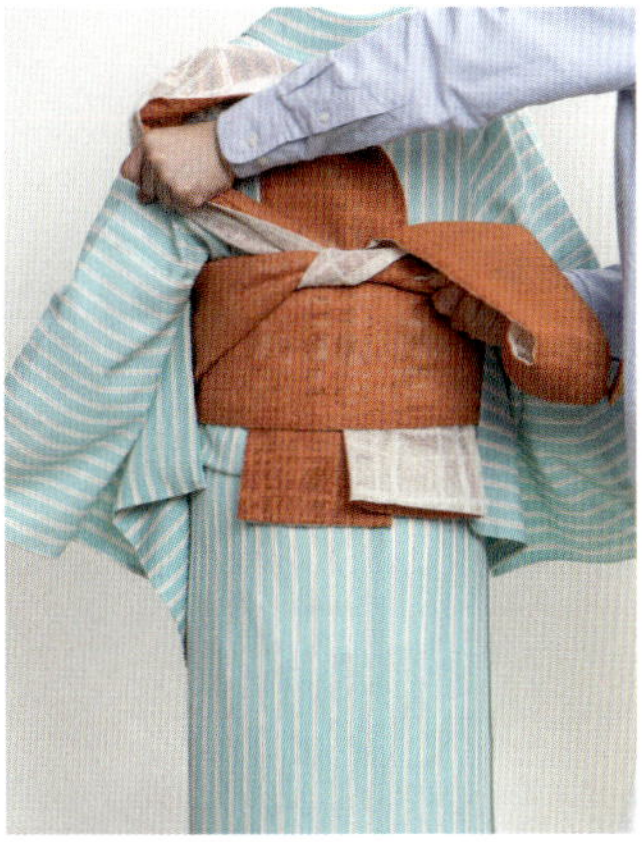

5

てとたれを少し重ねて並べ、お太鼓を整えます。お太鼓の山になる部分に仮紐を通し、お太鼓と仮紐を一緒に持ちます。

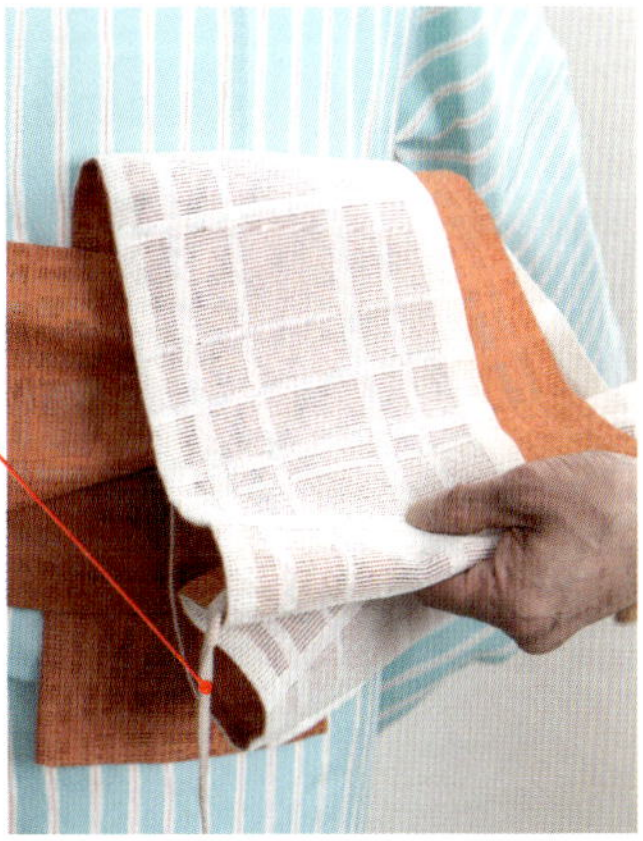
仮紐は最後まで外さない

6

胴に巻いた帯の上線に仮紐を当て、前にまわして結びます。
＊仮紐の結び方は、帯枕の紐の結び方１１７ページを参照。

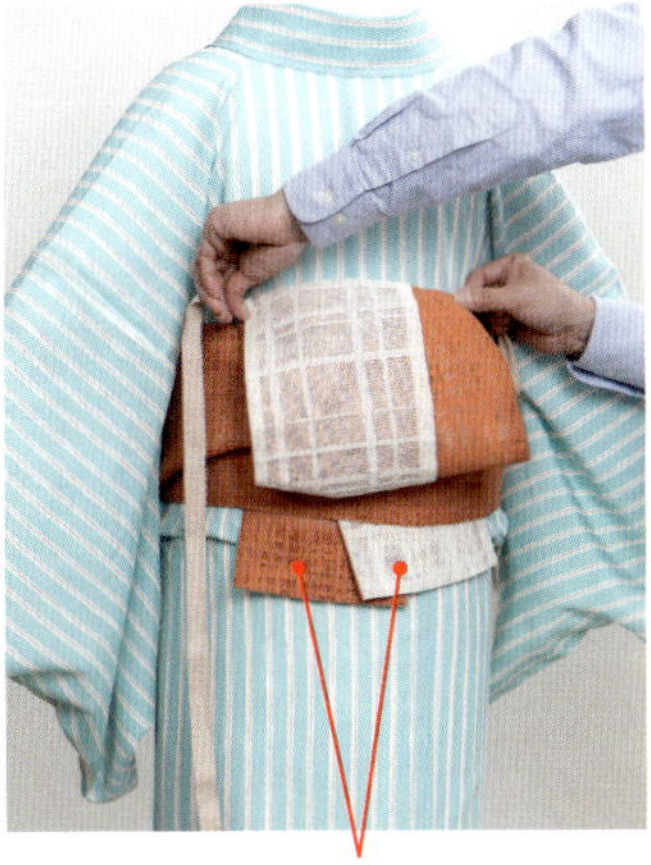
八の字に開くと、柔らかさが出る

7

仮紐の上に細くたたんだ帯揚げを当て、前にまわして結びます。続いて、帯締めを胴に巻いた帯に結び、でき上がり。
＊帯揚げの結び方は１１４ページ、帯締めの結び方は１１０ページ。

お太鼓の部分を押さえていないので、動くたびにお太鼓が揺れる。

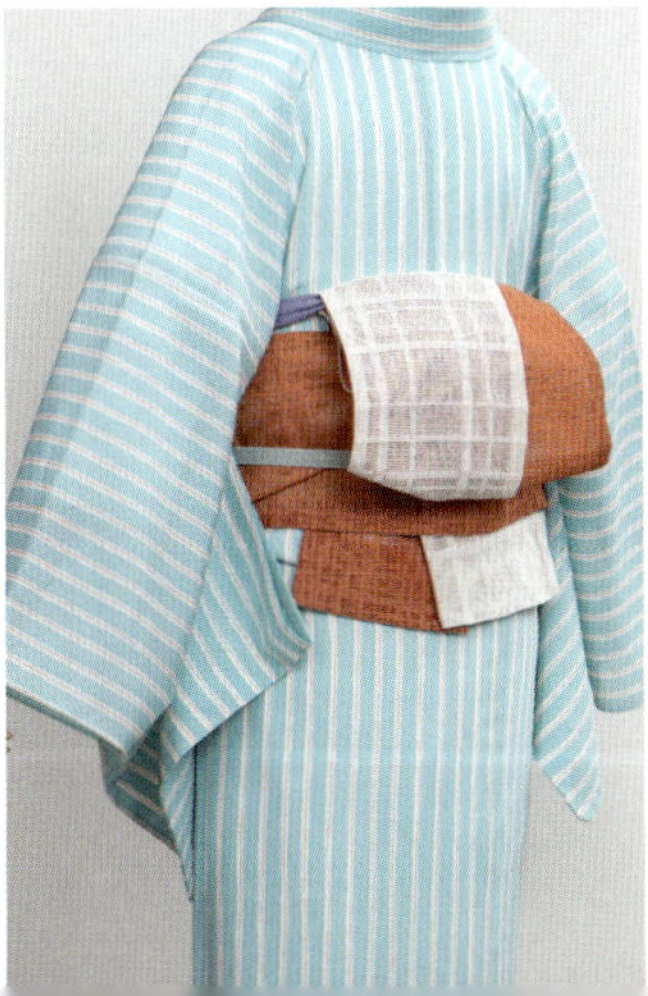

結んであげる

半幅帯でKATSUMIかるた

半幅帯は表と裏で柄の異なるリバーシブルタイプが主流。両面を使えるので、ほかの帯にはない楽しさがあります。きものとのコーディネートで、両面をどう使うかを考えましょう。同じ結び方でも、面の出し方で印象が変わります。四角形のシャープな帯結びを例に、イメージの違いを見てみましょう。りぼんの幅やたれ先の長さは、好みでアレンジします。

1

ての長さを90センチとって背中心に合わせ、胴にクリップで留めます。

てを裏に返す

藍地のきものに同系色の花柄の帯の組み合わせ。前帯は、白場を生かしてすっきり。

胴に巻いた白場の多い面でりぼんを作り、たれ先だけ裏側に。帯全体が一体化した感じ。

りぼんの幅が狭い
たれ先が長い

りぼんの幅が広い
たれ先が短い

江戸時代に流行したかるた結びは、ひだをとらない四角形のりぼん結び。羽根の部分に裏側を使うと、りぼんの形が強調される。

2

胴に帯を二巻きして、クリップで留めます。

3

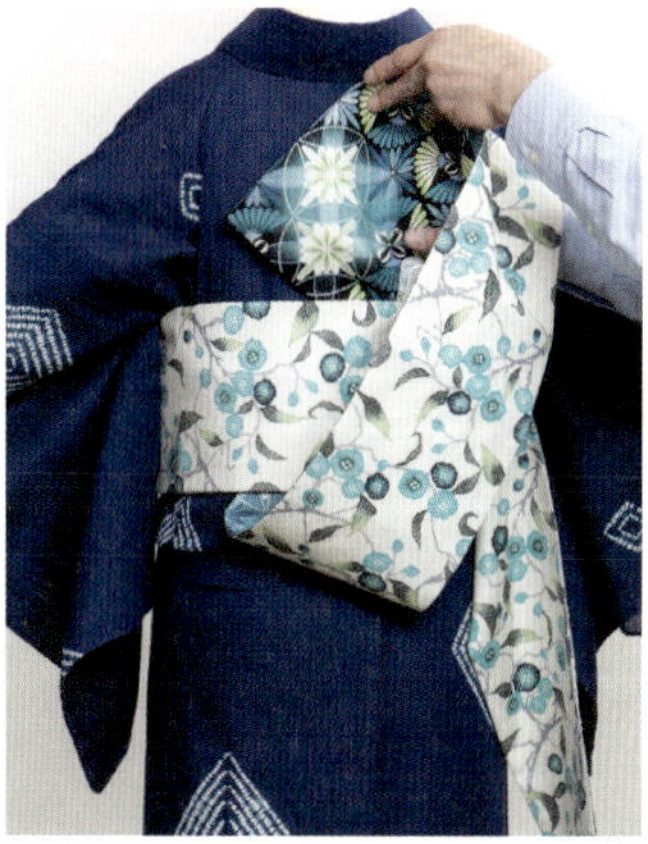

てを折り上げて、胴に巻いた帯と背中の間に入れます。

4

そのままてを引き抜いてまっすぐ下ろし、帯幅から左右４センチのところをクリップで留めます。

5

クリップの位置を目安に、たれを内側に巻いてたたみます。

6

たたんだたれをクリップで押さえ、てを胴に巻いた帯と背中の間に入れて、引き抜きます。帯揚げを使う場合は、ての輪に通します。

＊帯揚げの結び方は１１４ページ。

帯の柄を変えたいときは

羽根の部分に裏側を出す場合は、５でたれをたたんでいく際、裏側を出してたたむ。

半幅帯でジグザグりぼん

4枚の羽根を大きくとった華やかなりぼん結び。羽根を作るときに、たれをジグザグにして、立体感を出すのがポイントです。

きものが総柄で帯にも柄があるので、帯揚げと帯締めは省略してすっきりと。

帯にボリュームがほしいときにおすすめの帯結び。羽根の大きさは好みで変化をつけて。

1

ての長さを約65センチとって胴に帯を二巻きし、てが上に出るように、てとたれを結びます。

2

たれを右肩下でクリップで留めて折り返し、肩幅より広め（約50センチ）にとって、左肩下でクリップで留めます。

3

クリップで留めたところから、たれを斜め上に折り返します。

4

右肩のところで、さらに左斜め上に折り返します。たれをジグザグに折ることで、羽根を作ったときにボリュームが出ます。

5

ジグザクに折り返した、たれの中心をつかみ、ひだを作ります。

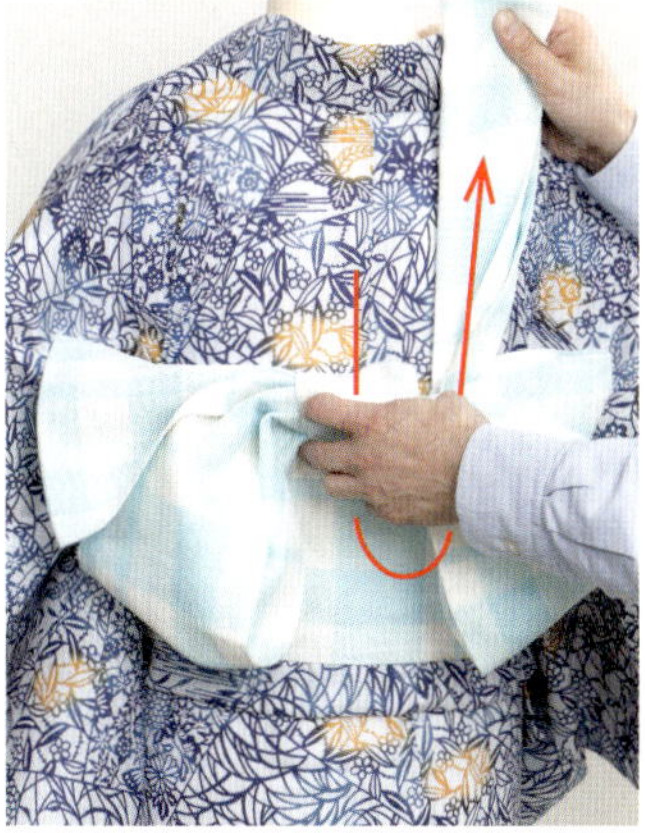

6

肩にあずけておいたてを下ろし、羽根の中心にかぶせてから、右に引き上げます。

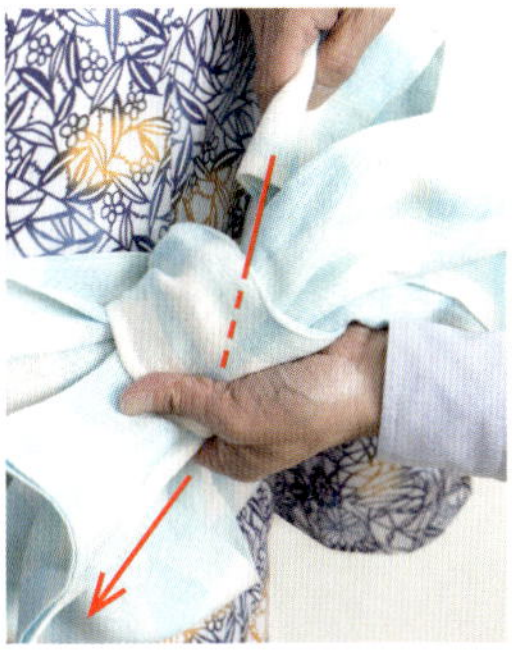

7

引き上げたて先をての輪に通して、左下方向に引き抜き、締めます。

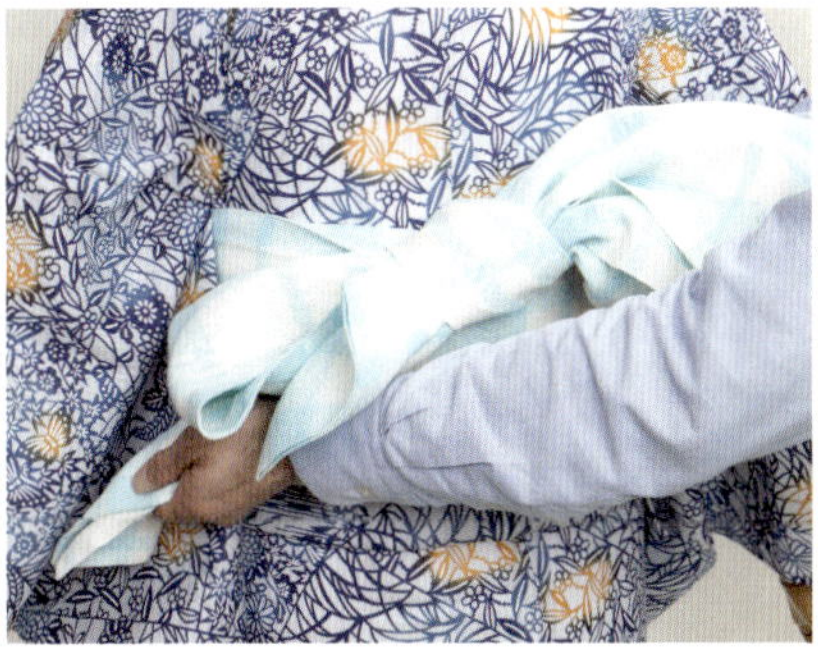

8

羽根を整え、て先を下から上へ結び目の下を通して引き抜きます。て先を広げ、結び目にふわりとかぶせてでき上がり。

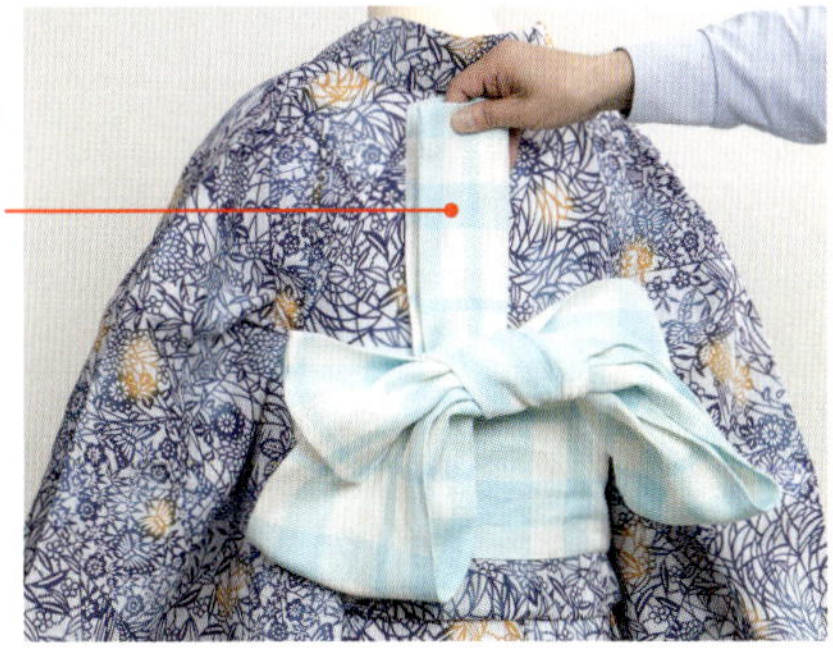

て先を広げる

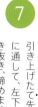

帯締めの結び方

本結び

お太鼓を支えている帯締めには、平たいもの（平組《ひらぐみ》）や丸く組んだもの（丸組）がありますが、結び方はどれも同じです。基本的な本結びは、カジュアルからフォーマルまで使える定番の結び方です。

＊写真は正面からと、上から見た場合の2パターンを掲載しています。

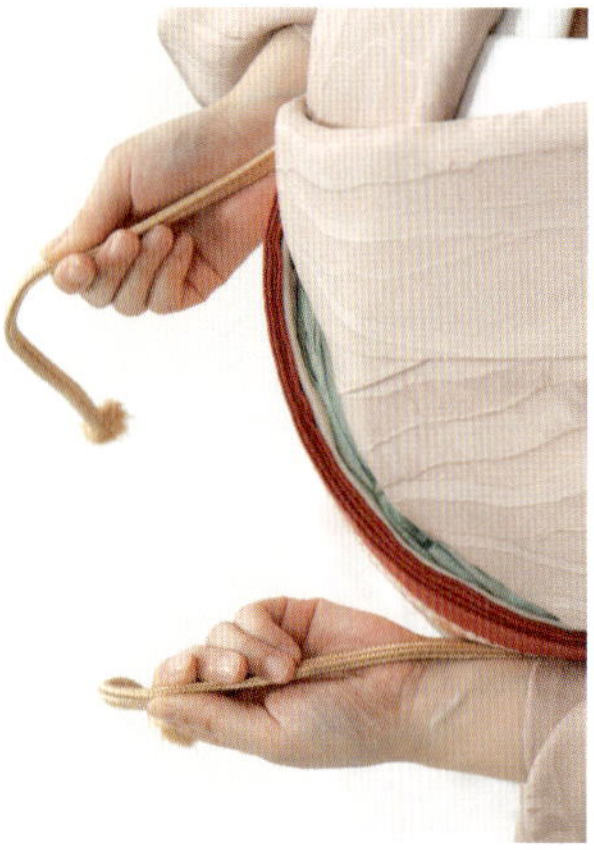

1 帯締めの左右の長さを揃えて持ちます。

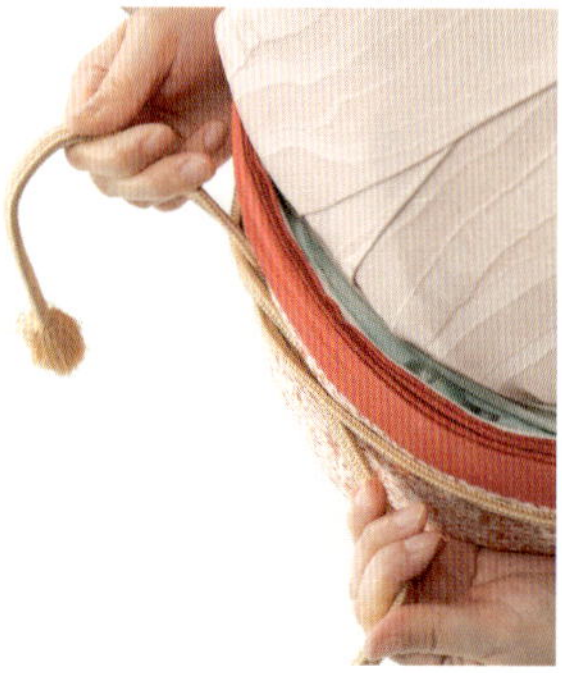

2 体の中央で、結ぶ人から見て左側の帯締めが上に出るように、ひと結びします。

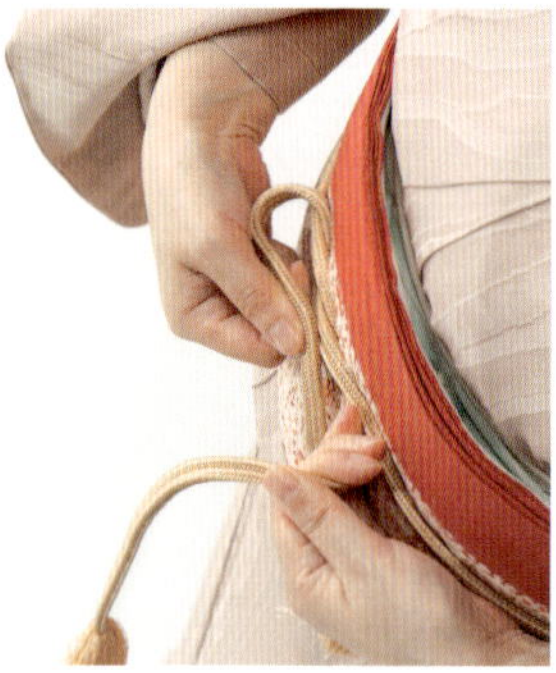

3 上に出た帯締めを折り返し、結び目に当てて輪を作り、右手の親指で結び目を押さえます。

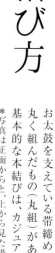

4

結び目を押さえる手を左手に替えて、右手で下になった帯締めを上から輪の中に通します。

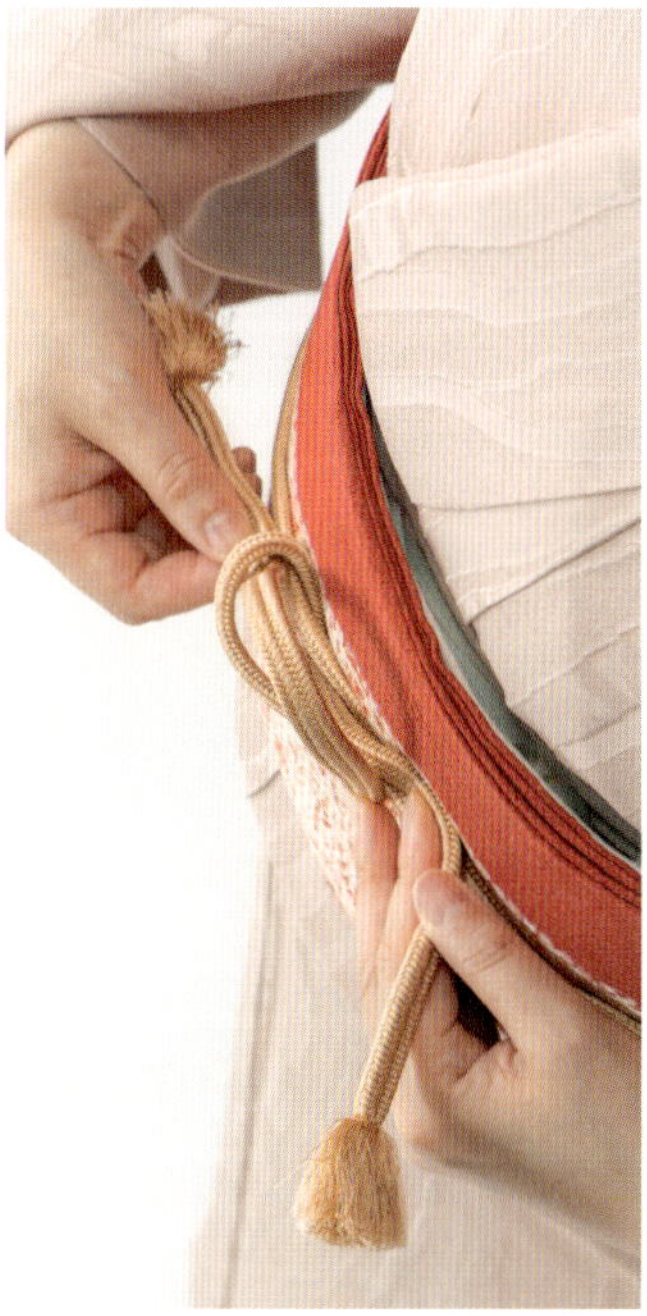

5

右手の指で結び目を押さえ、左手で左側の帯締めを引きます。

6

左右の帯締めを同時に引き、結び目をぎゅっと締めます。

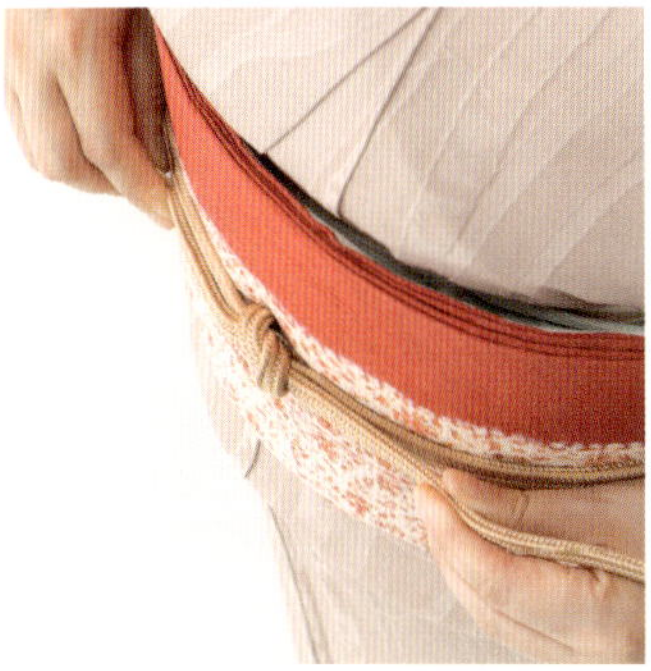

7

左右の帯締めの端を、両脇で上から帯締めにはさんで、でき上がり。

帯締めの結び方

手順は自分で結ぶ場合と同じですが、緩まないように気をつけましょう。結ぶときは、相手の真正面に立って、体の中央でしっかり結びます。藤結びは、本結びのアレンジの一つです。前帯の柄が寂しいときなど、ボリュームのある藤結びでアクセントをつけるのもお洒落です。

本結び

1

帯締めの左右の長さを揃えたら、体の中央で、向かって右側の帯締めが上に出るように、ひと結びします。

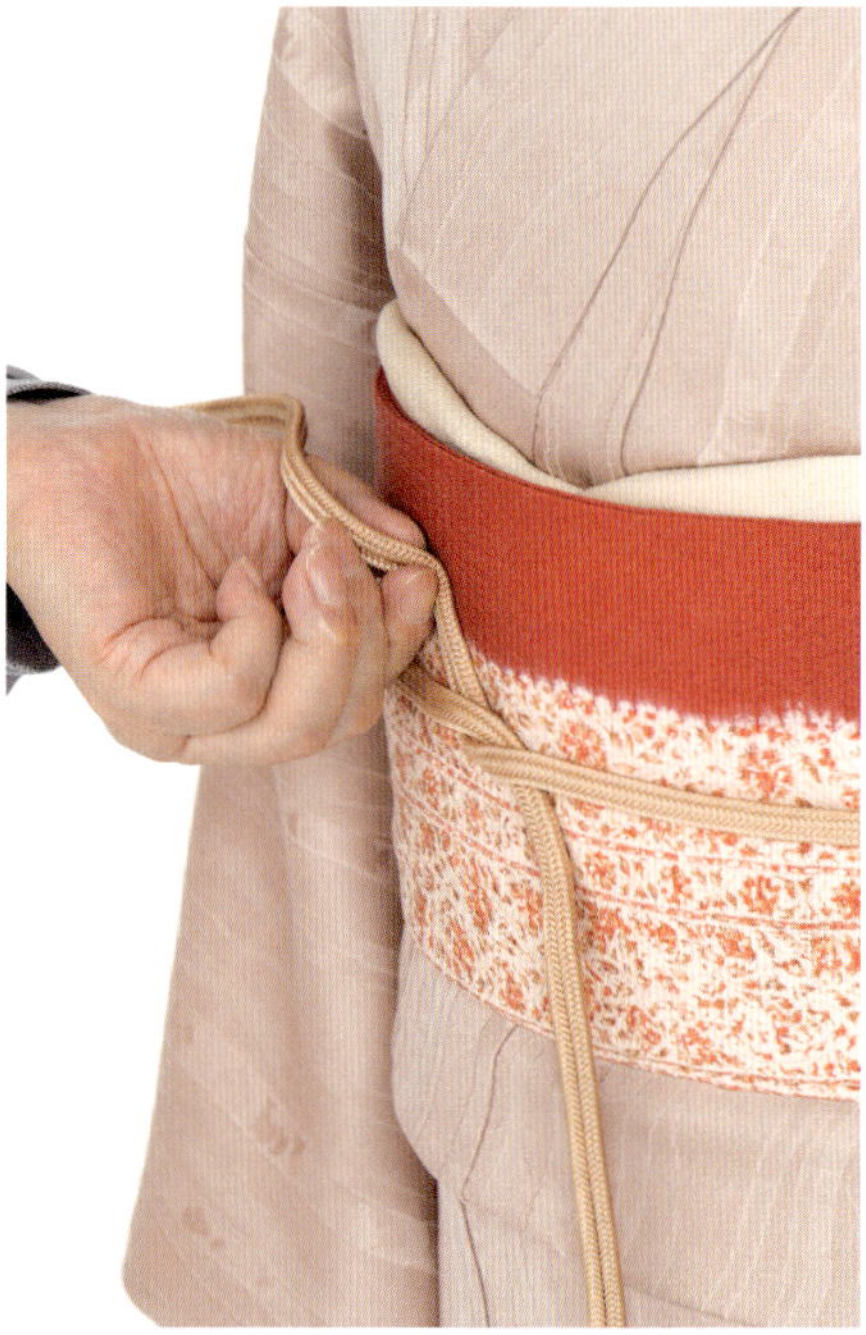

2

結び目を押さえ、上に出た帯締めを折り返して輪を作ります。

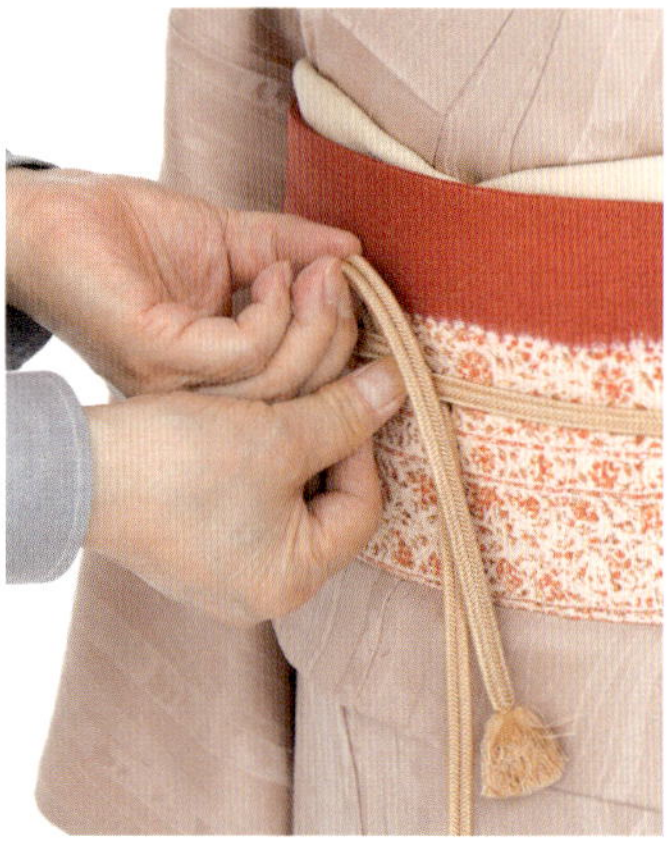

3

左手で結び目を押さえながら、下になった帯締めを結び目にかぶせるように、まっすぐに引き上げます。

4

引き上げた帯締めを上から輪の中に入れ、右側の帯締めを引きます。

5

左右の帯締めを同時に引き、結び目をぎゅっと締めます。左右の紐端を両脇で帯締めに上からはさんで、でき上がり。

藤結び

1 帯締めの左右の長さを揃えたら、体の中央で向かって右側の帯締めが上に出るように、2回からげます。

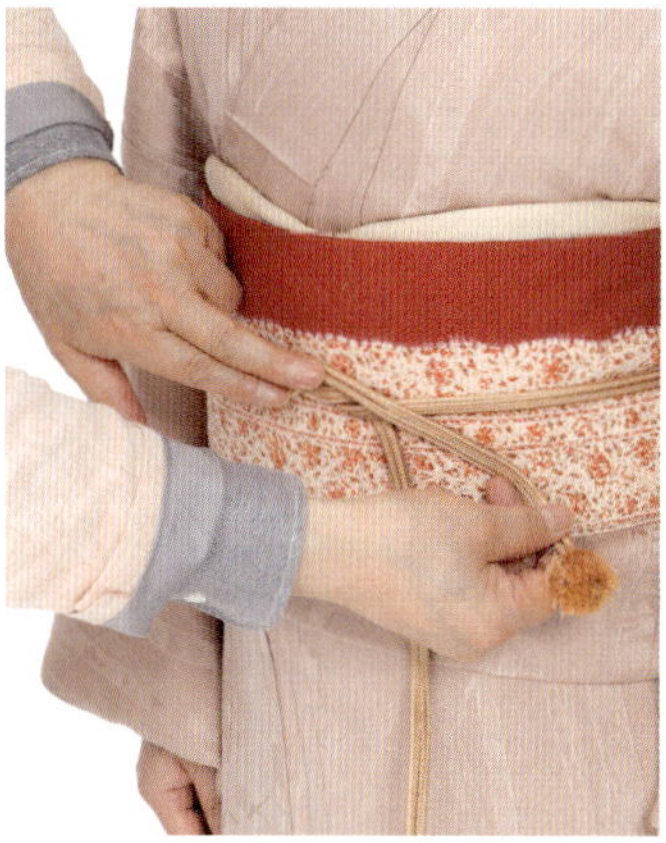

2 上に出た帯締めを折り返し、輪を作ります。

3 本結びと同じ要領で、下になった帯締めを引き上げてから、輪の中に上から通します。このとき、1と同じように、2回からげる方法もあります。

4 左右の帯締めを同時に引き、結び目をぎゅっと締めます。

5 でき上がり。2回からげたぶん、本結びよりもボリュームが出て華やかな印象に。

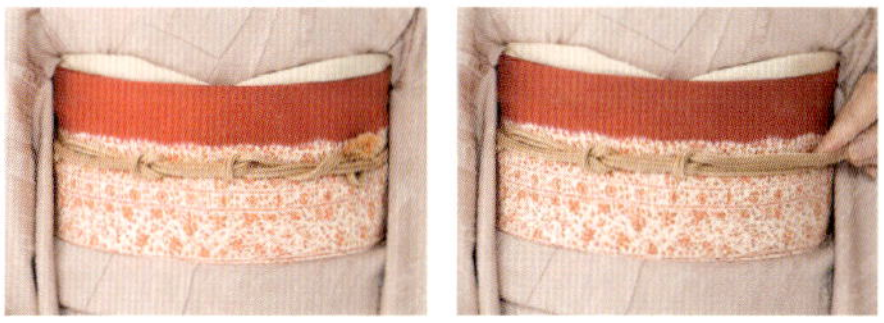

帯締めは、さまざまなアレンジが楽しめます。体の中央を外して結び、結び目を増やしたり、帯締めの先に動きをつけたりするなど、アクセサリー感覚で。

帯揚げの結び方

本結び

帯枕にかぶせて使用する帯揚げは、さまざまな結び方があります。基本的な本結びは、体の中央で結び目を作る方法。入《い》り組《く》は結び目を作らずに、左右から中央に向けて入れ込みます。

1 左右の帯揚げの長さを揃え、それぞれ脇から5～6センチ幅にたたんで整えます。

2 体の中央で、ひと結びします。左右のどちらが上になってもかまいません。

3 結んだ帯揚げを、まっすぐに立てます。こうすると、結び目が締まります。

4 上の帯揚げを下ろし、下の帯揚げに重ねます。

5 上の帯揚げに下の帯揚げを巻きつけ、輪の中に通します。※上、または下の帯揚げで輪を作って結ぶ方法もある。

6 左右の帯揚げを軽く引き締めます。

7 左右の帯揚げの端は横に流して（長い場合は端をたたんで）、帯の中に入れ込みます。

8 両手の親指を使って、帯揚げの結び目を帯の中に入れます。

9 好みで帯揚げの出し加減を整えて、でき上がり。小紋や紬などのカジュアルなきものは、あまり帯揚げを見せないほうがスマート。

入り組

1 左右の帯揚げの長さを揃え、それぞれ脇から5～6センチ幅にたたんで整えます。

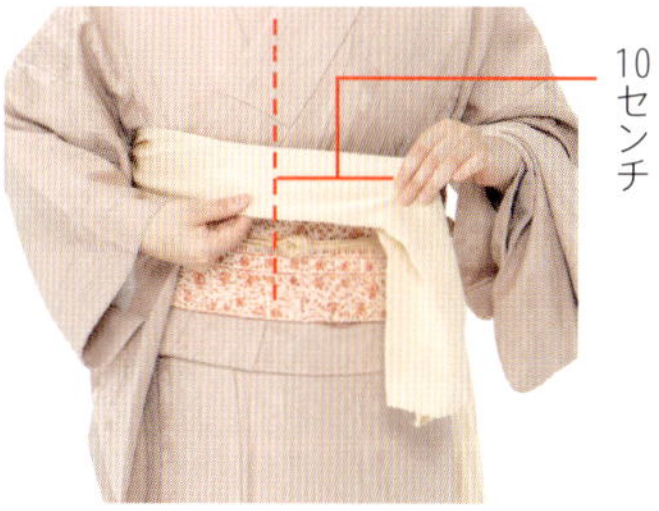

2 結ぶ人から見て右側の帯揚げを、帯に沿わせるようにして整え、胸下（体の中央から10センチ左）のところを持ちます。

3 左手で持った部分の帯揚げの先を広げ、手前に折り返します。

4 折り返した部分を帯揚げの中に入れ、再び帯揚げを5～6センチ幅にたたみ直します。

5 折りたたんで整えた帯揚げを、左へ引きながら、帯の中に入れます。

6 反対側の帯揚げも同様にたたみ直します。

7 折りたたんで整えた帯揚げを、帯の中に入れます。

8 入り組のでき上がり。左右の折り返した部分を帯揚げの中に入れることで、ボリュームが出ます。

結んであげる

帯揚げの結び方

現在、市販されている帯揚げの長さは、180センチ近くあります。これを少し短くしておくと、帯揚げがかさばらず、帯まわりがすっきりします。ここでは短くした帯揚げを使った3通りの結び方を紹介します。

ねじる

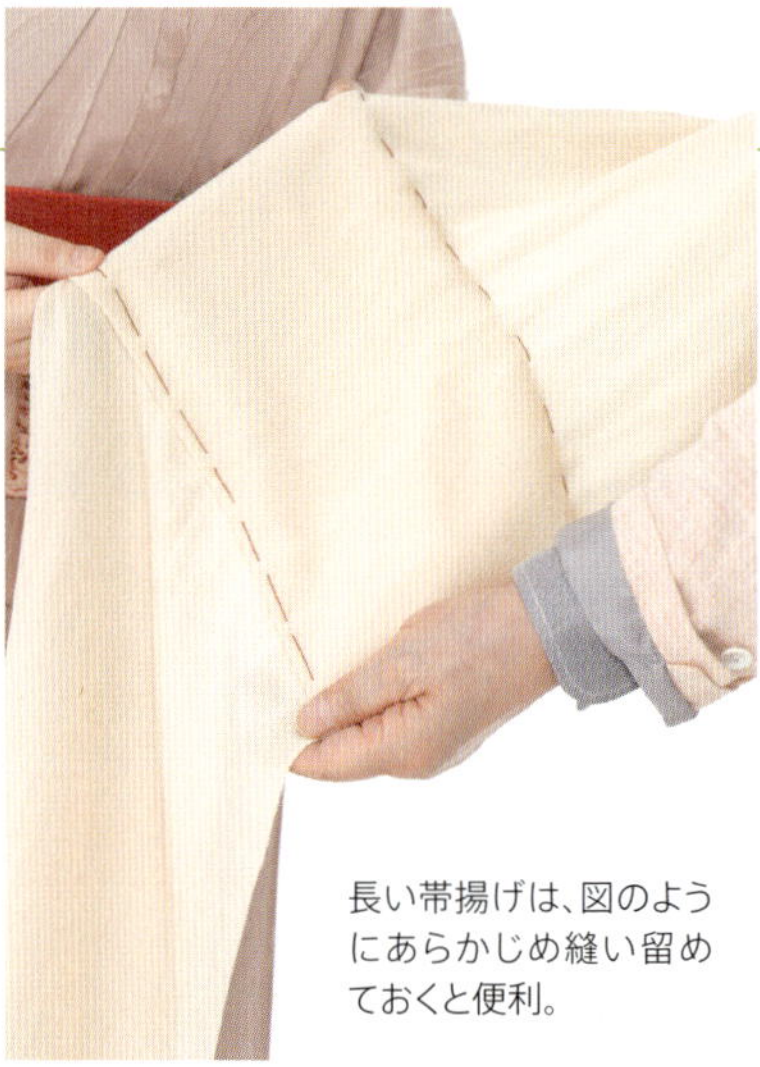

長い帯揚げは、図のようにあらかじめ縫い留めておくと便利。

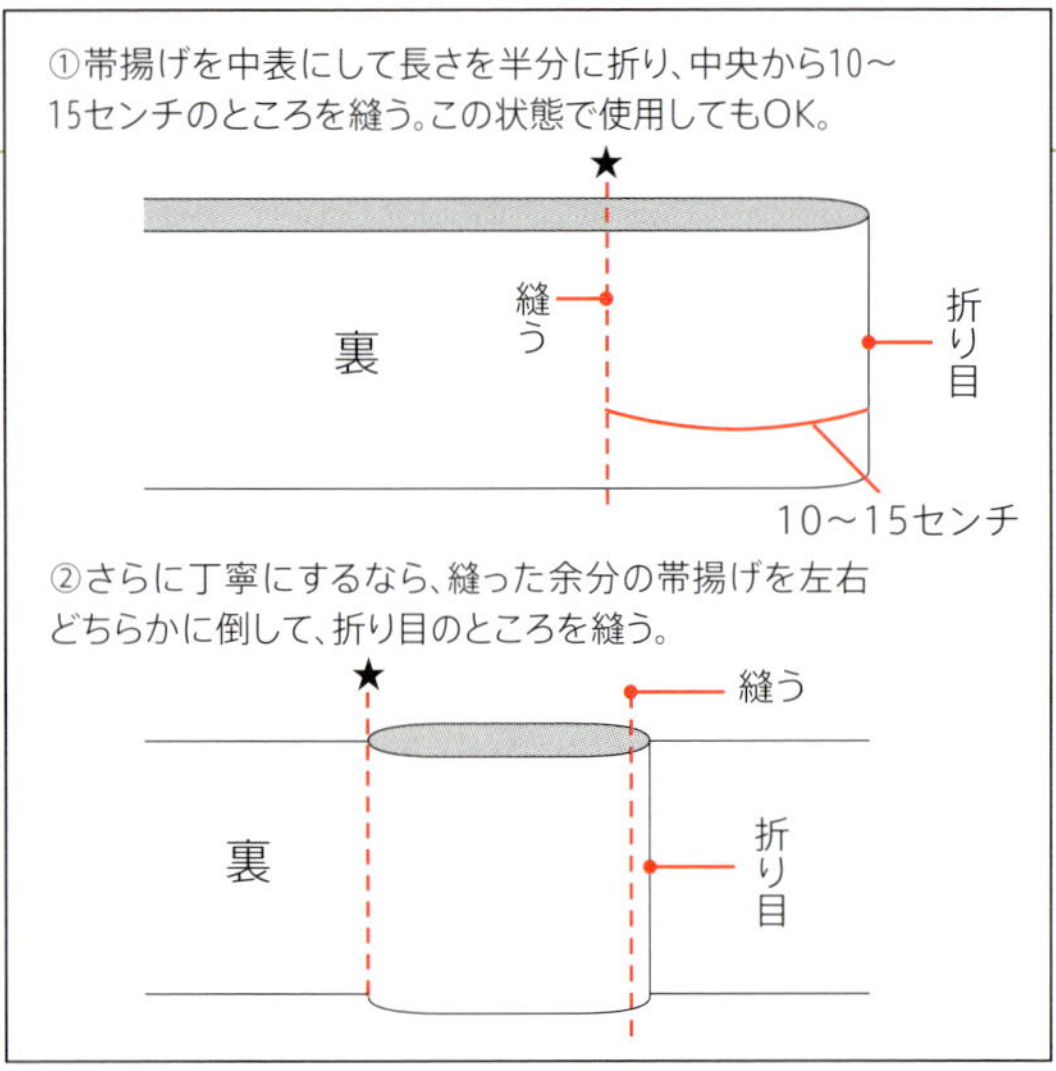
①帯揚げを中表にして長さを半分に折り、中央から10～15センチのところを縫う。この状態で使用してもOK。
★
縫う
裏
折り目
10～15センチ
②さらに丁寧にするなら、縫った余分の帯揚げを左右どちらかに倒して、折り目のところを縫う。
★
縫う
裏
折り目

1 左右の長さを揃えた帯揚げを、体の中央で交差させ左右にねじります。

2 ねじった部分を、帯の中に入れます。

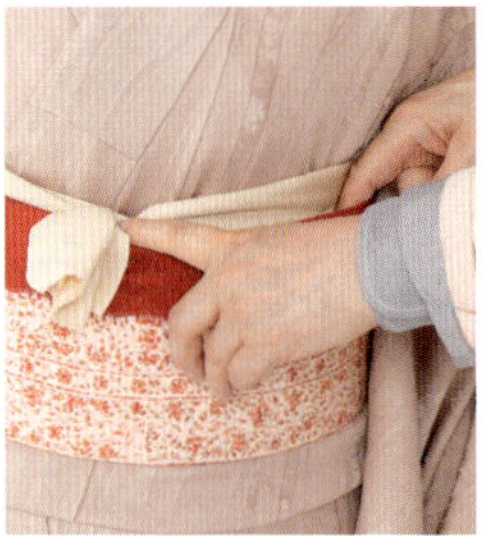

3 左手で中央を押さえながら、右手で上前側の帯揚げを横に流して、帯の中に入れ込みます。

4 下前側の帯揚げも、同様に整えます。

5 でき上がり。ねじることで結び目が大きくならず、すっきり仕上がります。

巻き付ける

1 左右の帯揚げの長さを揃え、体の中央で交差させてひと結びし、結び目を立てます。

2 上の帯揚げを下ろし、下の帯揚げに重ねます。

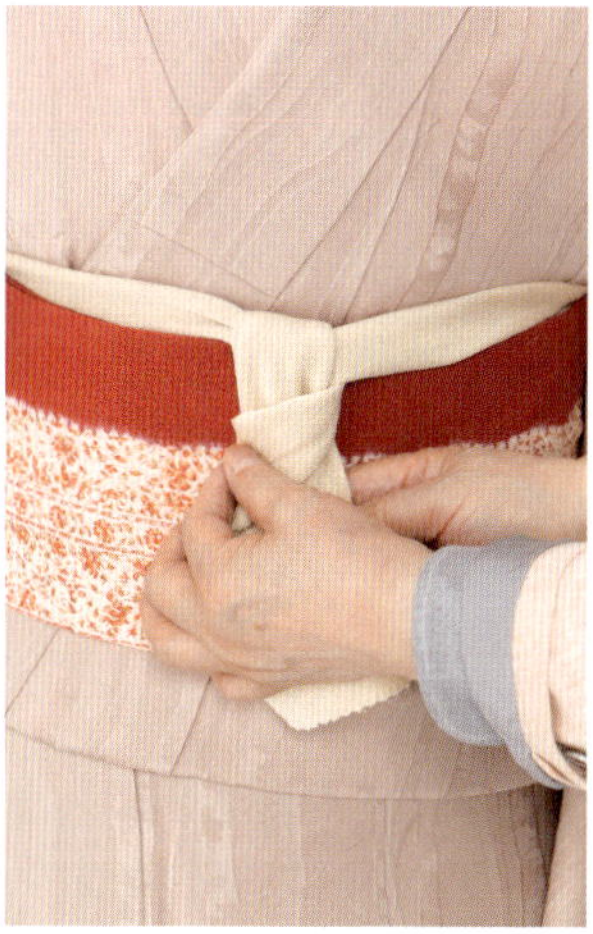

3 上の帯揚げに下の帯揚げを、右から左へ1回巻き付けます。

4 左右の帯揚げの端を帯の中に入れます。

5 帯揚げの出し加減を整え、左右を揃えます。

6 結び目は帯の中に入れず、帯揚げと同じラインに揃えて、でき上がり。

ふっくら入り組

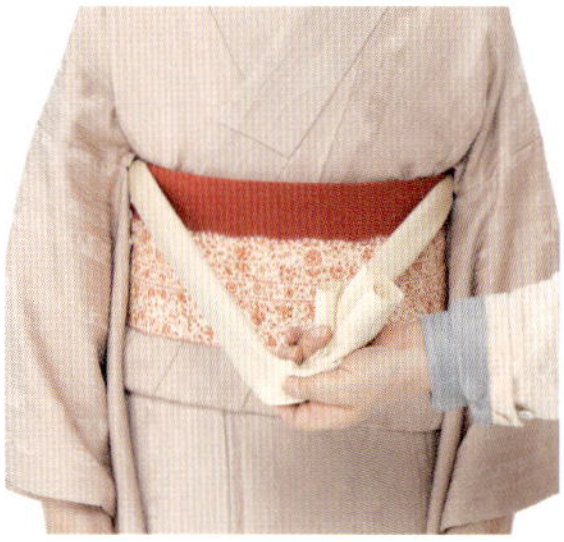

1 左右の帯揚げの長さを揃え、5～6センチの幅に整えます。

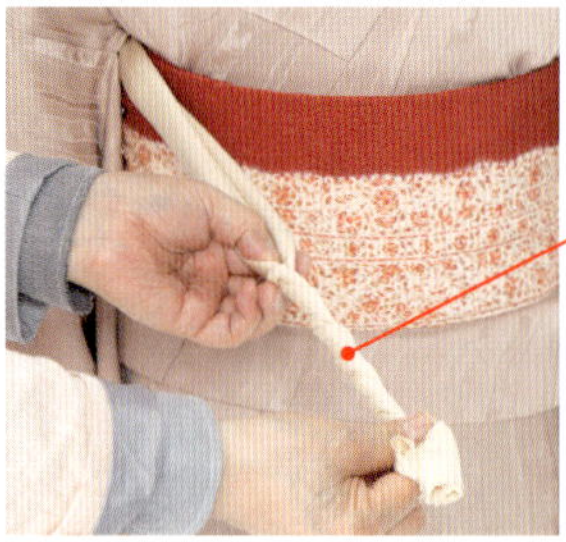

2 下前側（向かって左側）の帯揚げを先端からぐるぐるとねじります。

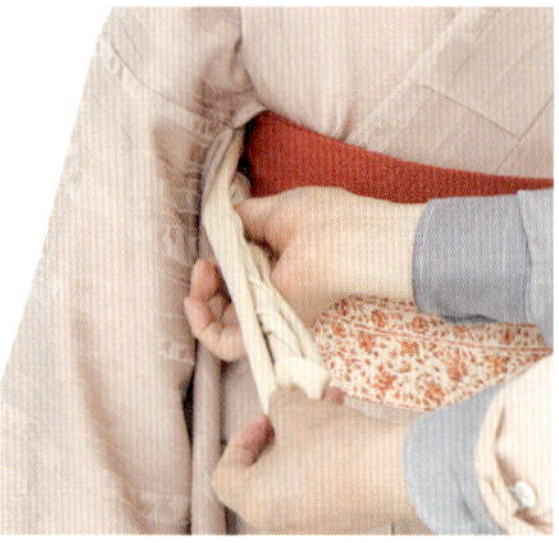

3 ねじった部分を折り返して、帯揚げの中に入れ込みます。

4 ボリュームのあるふっくらとした帯揚げができました。

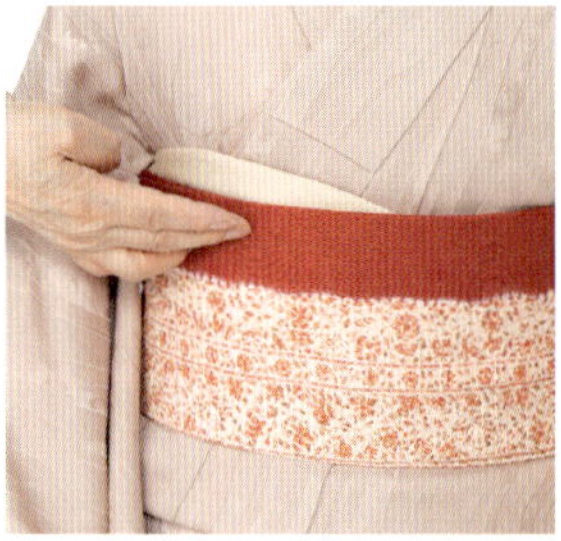

5 帯揚げの端を体の中央に入れ込みます。

6 上前側の帯揚げも同様に作り、体の中央に入れます。

7 指先やへらを使って横に流しながら、左右均等になるように整えます。

8 しわのない、ふっくらとした入り組の完成です。

帯枕の紐の結び方

帯枕にはお太鼓を安定させるために、紐がついています。胸元が苦しくならないように、伸縮性のあるガーゼ紐が主流です。この紐は、帯揚げと一緒に仮結びをしているので、最後に結び直します。

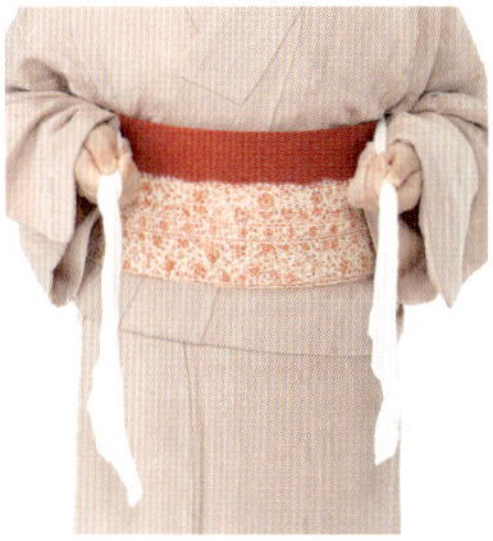

1 背中に密着するよう、体を少し前かがみにしながら、帯枕の紐をぐっと引きます。

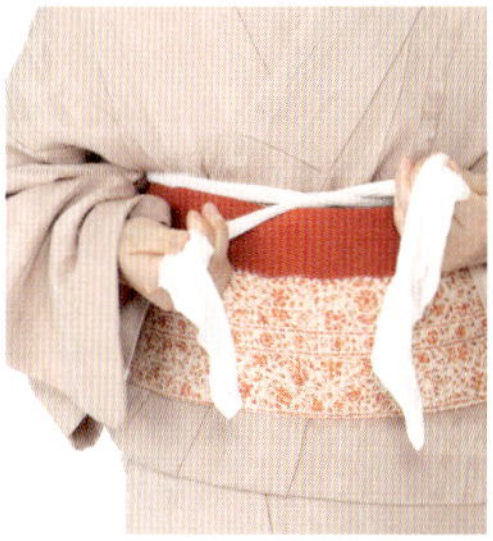

2 体の中央でひと結びします。

3 もう一度結びます。

4 左右の紐先は指先を使ってしごきながら、帯の中に入れます。

5 結び目がみぞおちの下までくるよう、指先でぐっと深く押し込みます。

こんな結び方も！

帯枕の紐を帯の上で結ぶと、結び目と体の間にかなり余裕ができる。このゆとりを残したまま、結び目を帯の中に(みぞおちの下まで)入れ込んでもよい。ゆとりがあるので、帯の中に入れやすい。

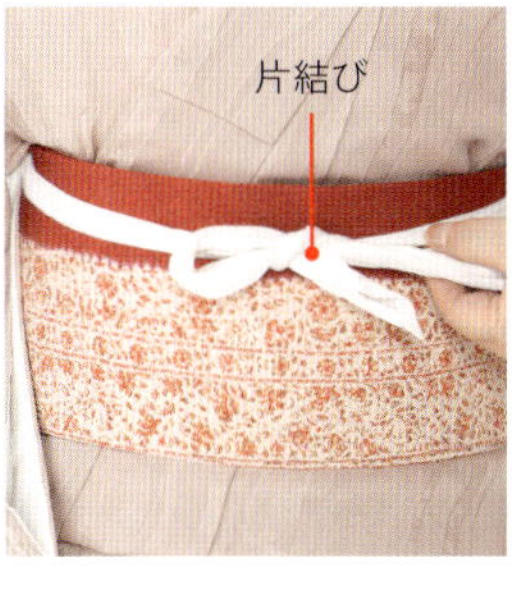

1枚のきものを帯を替えて着分ける

お茶会

グリーン地の付け下げに、織り名古屋帯でドレスダウン

季節の草花や玩具柄が描かれた可憐な付け下げは、色無地感覚で幅広く着用できる。落ち着いた紺地の織り名古屋帯を合わせれば、お茶席や内祝い、新春のご挨拶などに最適。

式典

同じ付け下げでも、袋帯を合わせるとドレスアップ

明るい地色の付け下げに、黒地に四季の草花を織り出した袋帯で二重太鼓を結ぶと、結婚式や各種パーティーのほか、入学・卒業式などの式典にも。小物を白系にすれば、さらにフォーマル度が上がる。

結婚式

黄土色地の訪問着に、格調の高い袋帯で重厚に

落ち着いた地色に陶片を染めた訪問着。模様には、部分的に金糸銀糸や箔《はく》が施されている。正倉院文様（ここでは蜀江錦《しょっこうにしき》）などの帯を合わせると、結婚式のお呼ばれにも。

パーティー

陶片文様のきものに、コプト文様の帯で個性的に

陶片を散らした楽しい訪問着をドレスダウンするなら、同じ趣味性のある洒落袋帯を組み合わせて独特の世界を演出。着る人の個性を表現した装いは、パーティーの話題作りにもなる。

*きもの、帯、小物／壱の蔵 青山サロン

自分で結ぶ

紐付き角帯で片結び

帯の左右の先端に50センチほどの紐がついた角帯。両端が紐状になっているので、一般的な角帯に比べて、初心者には扱いやすいでしょう。後ろで無理なく結べるので、帯を後ろにまわす手間もいりません。

1

・ての長さ(紐の長さ+約20センチ)をとり、右腰に当てます。

デニムのきものは、シャツの上から着用可能。ジャケットを羽織るように、洋服感覚で楽しみたい。

両端の紐を片結びにするだけで仕上がる、簡単な帯結び。誰にでもすぐに結べる。

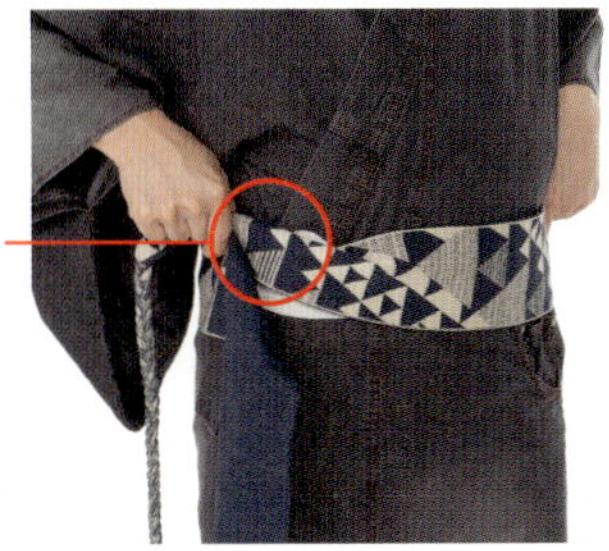

巻き始めだけ、帯の幅を半分に折る

帯が20センチくらい残るとベスト

2 右腰から巻き始め、巻いた帯に重ねるようにして、二～三巻きします。残った帯が20センチ前後あればOK。

3 BにAをかぶせるようにして、ひと結びします。

4 Aの紐で輪を作り、Bの紐をかぶせて、もう一度ひと結びします。

5 左右の紐を引いてぎゅっと締めます。紐を後ろにまわし、背中心よりやや左側で片結びにして、でき上がり。

兵児帯で金魚結び

柔らかい兵児帯の定番は、蝶結び（りぼん結び）や片結びです。定番の片結びを少しアレンジして、変化をつけたのが金魚結び。ひらひらした背びれや尾びれを強調したユニークな帯結びです。

前帯はやや幅広くしてきりりと。

結び目は左右のどちらかにずらしたほうが、大人っぽく見える。

1 帯をたたんで後ろから腰骨の位置に当て、ての長さを約45センチとります。

2 帯を腰骨の位置で二巻きします。両脇でぎゅっと締めながら巻くのがコツ。

3
さらにもう一巻きし、計三巻きします。三巻きしたら、帯幅を少し狭くします。

4
体の中央で、たれにてを引っ掛けるようにして2回ほどからげます。

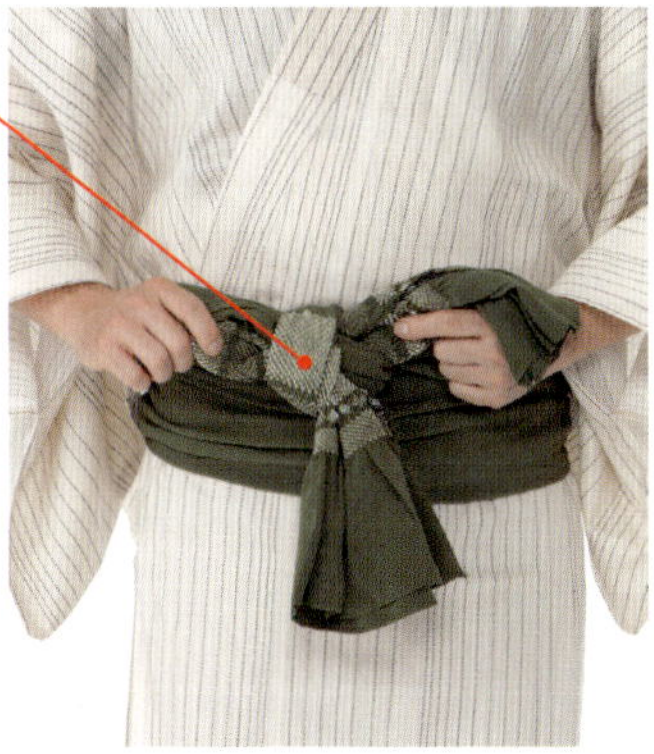

5
左手に持ったたれで輪を作り、右手に持ったてをかぶせてぎゅっと片結びにします。

6
金魚の形を整え、後ろにまわしたら、でき上がり。

金魚の頭よりひれの部分を多めにとったほうが、バランスがよい。

角帯で貝の口

貝の口は結んだ形が貝の口に似ていることから名付けられました。男女共通の帯結びで、女性は半幅帯、男性は角帯を使って結びます。男性の場合は男結びともよばれ、あらゆるきものに締めることができます。

1

帯を前から当て、てを背中心から左脇の位置くらいまでとります。

背中心
ての長さは左脇くらいまで

単衣《ひとえ》のきものに、博多帯で結んだ貝の口。帯が上がってこないように、腰骨にしっかり結ぶ。

体の中央で結んでから、やや左にずらすと粋な仕上がりに。

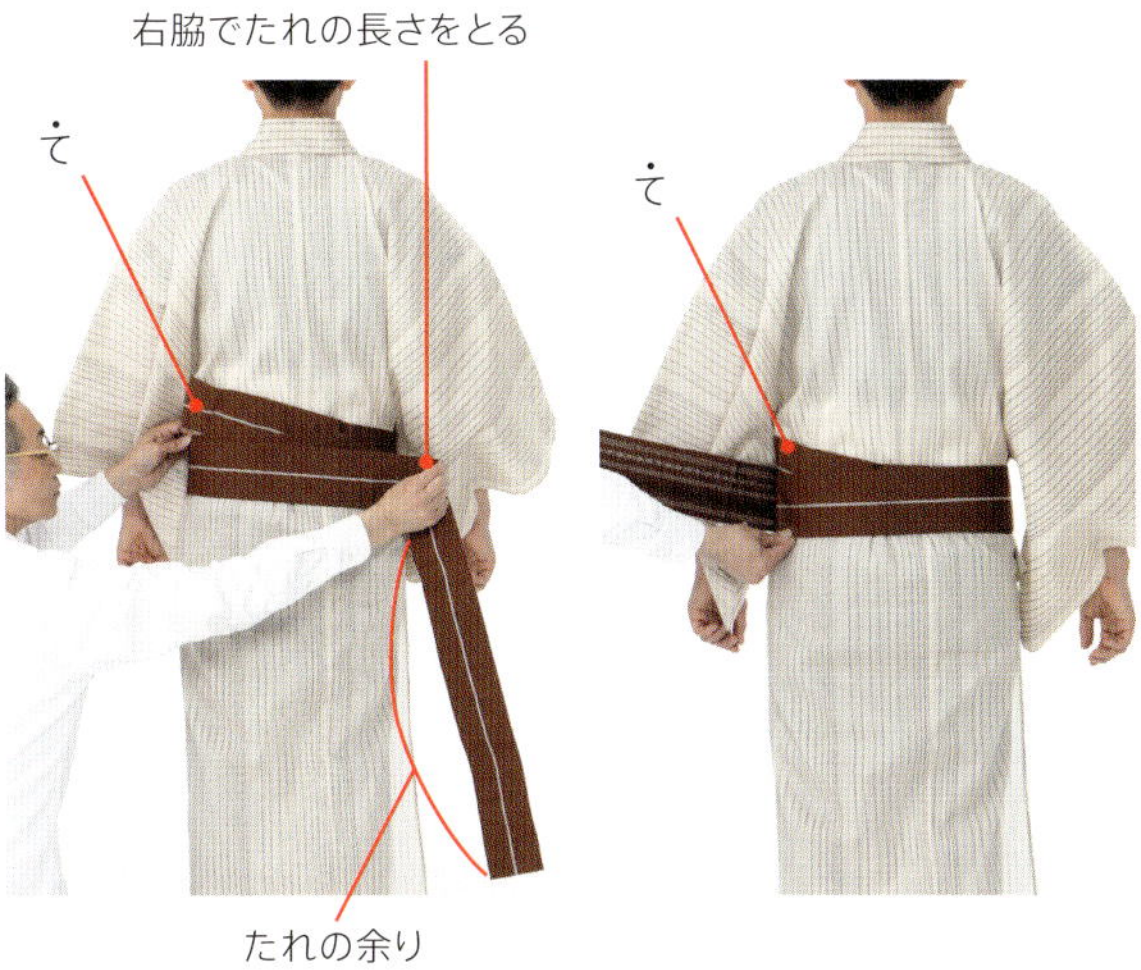
右脇でたれの長さをとる
て
て
たれの余り

2
てを上に出して、帯を胴に二〜三巻きします。帯を巻くごとに、てとたれを締めます。巻き終わったとき、たれが余るようにします。

3
余ったたれは内側に折り返し、余分を帯の中に入れ込みます。

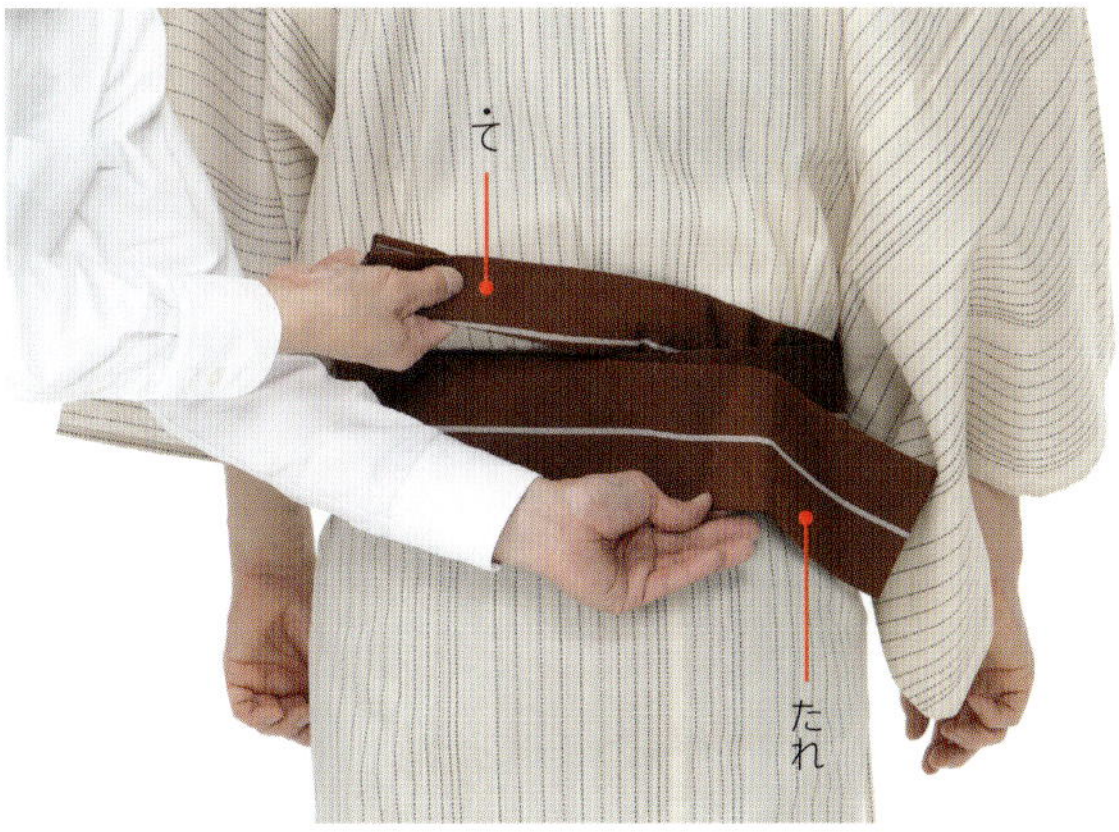
て
たれ

4
てとたれの長さを確認します。てよりたれは長めにとります。たれが長すぎたり短すぎたりする場合は、3に戻って調整します。

5
てにたれをかぶせ、体の中央でひと結びし、たれを上に出します。

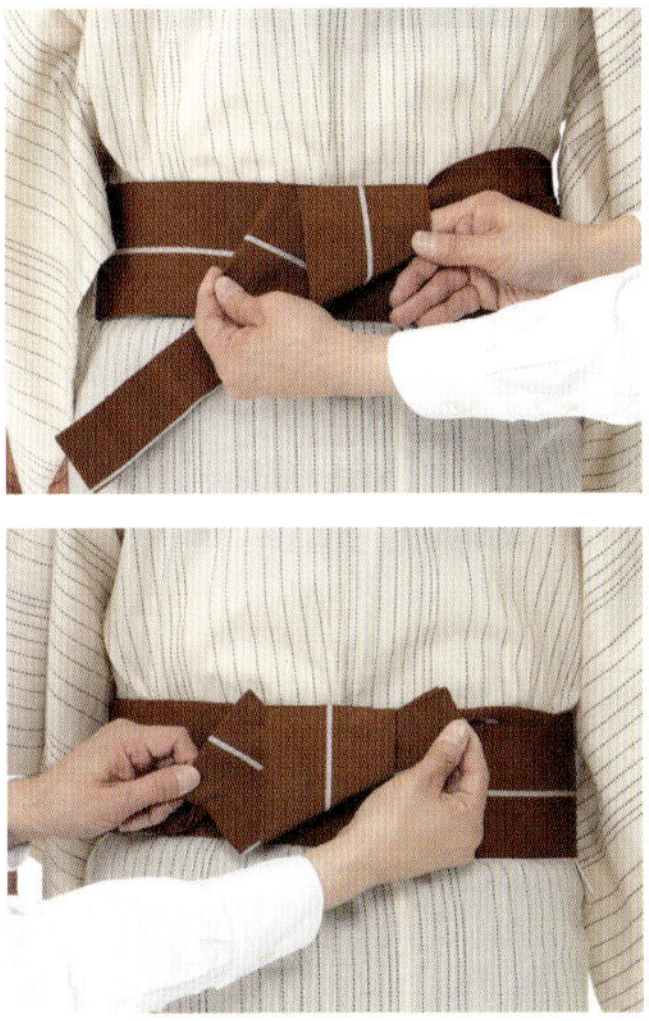

6
たれを折り返して斜め左に折り上げ、輪の中にてを通して右に出します。全体のバランスを整えて、でき上がり。

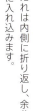

角帯で片ばさみ

時代劇の浪人が結んでいる帯結びの一つです。結び目が平らなので、背中に食い込まず、椅子にもたれても邪魔になりません。車の運転などにも向きます。主に着流し（羽織や袴をつけない）に結びます。

1 て先を左脇に当てて、ての長さを決めます。約30センチを目安にします。

着流しには、ちょっと個性的な帯でお洒落に。

たれを胴に巻いた帯に差し込んでいるので、しっかり締まっている。

2
胴に二巻きしたら、てとたれを持ってぎゅっと締めます。帯が長い場合は、三巻きしてもかまいません。

3
てを引き出して、て先から帯幅を半分に折ります。

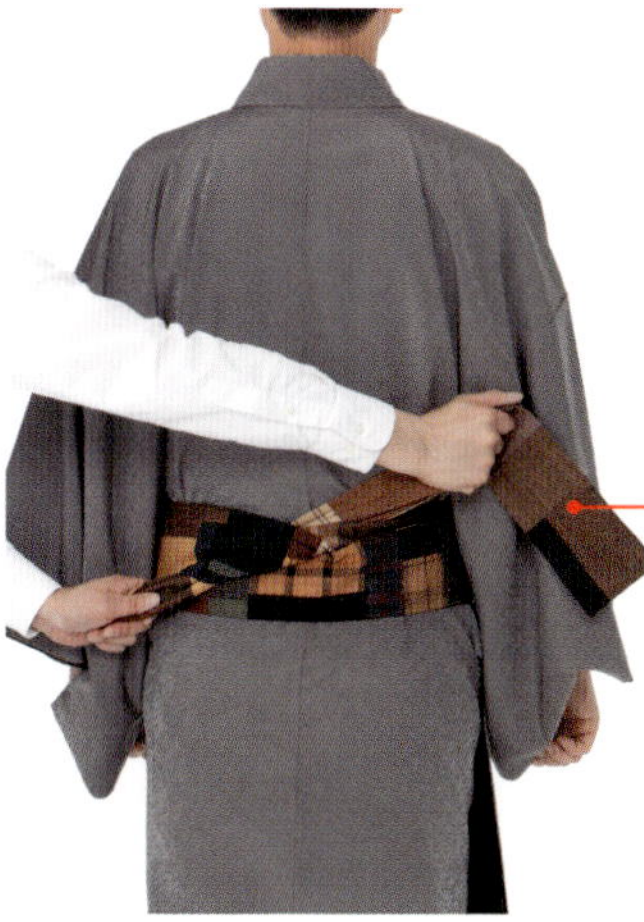

4
てにたれを重ねて結び、たれを上に出します。

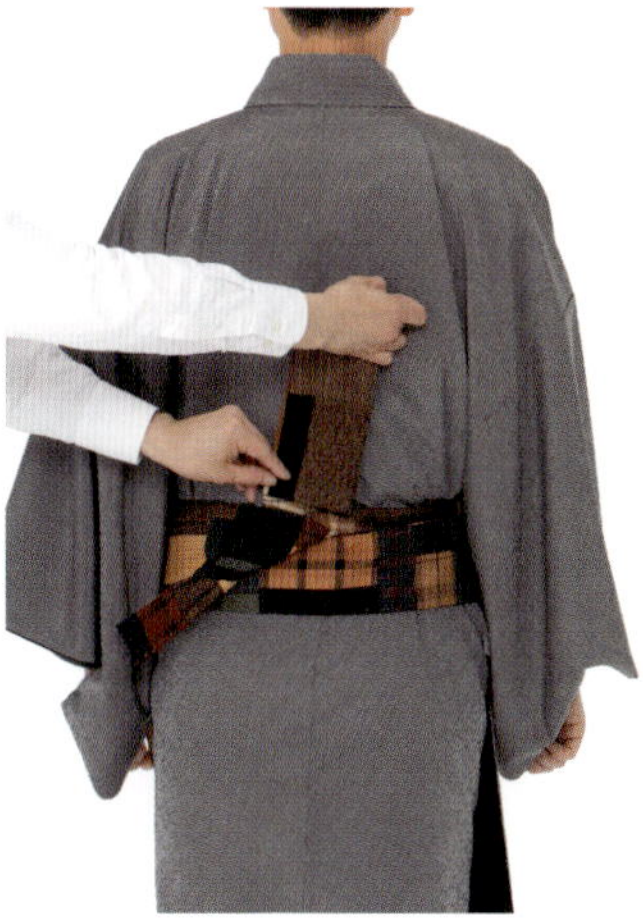

5
たれを背中心まで戻し、結び目を立てます。

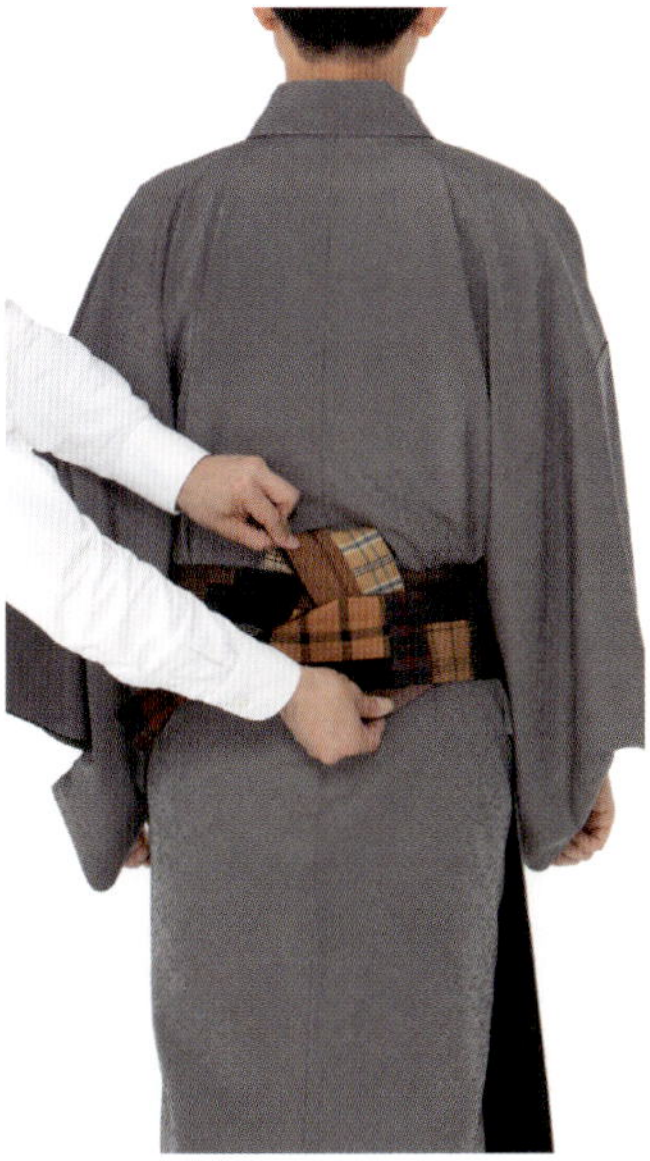

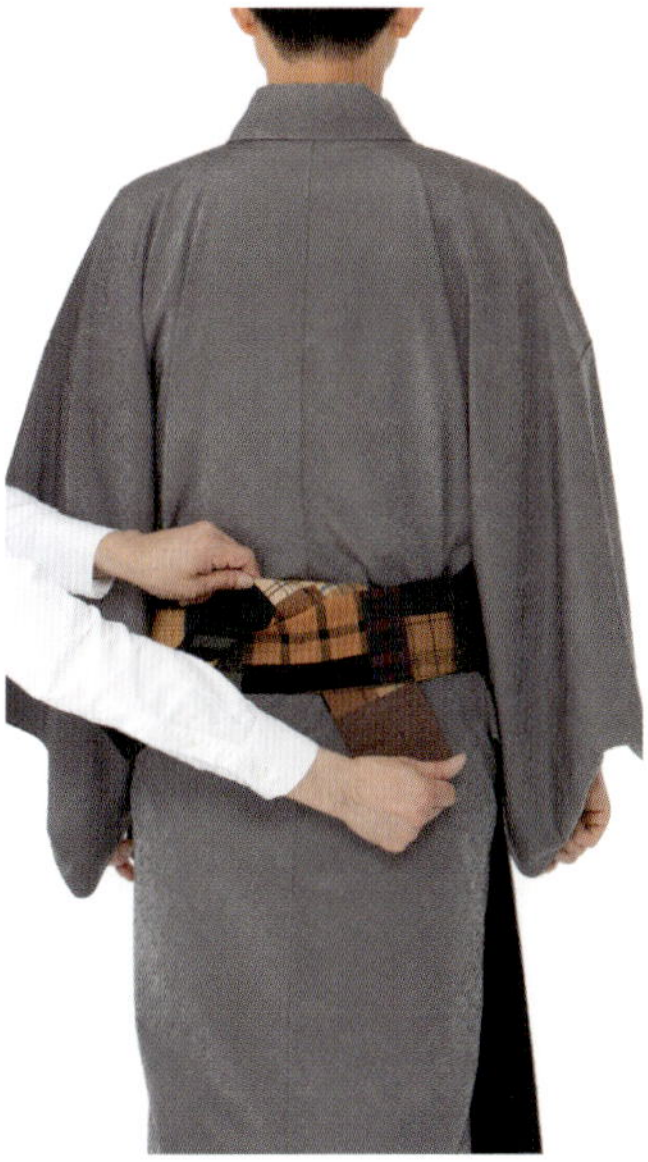

6
胴に巻いた帯の一巻き目と二巻き目の間に、たれをはさみ込み、下から引き出します。形を整えて、でき上がり。

長襦袢《ながじゅばん》

足袋をはいて肌着をつけたら、きものの下に着る長襦袢を身につけます。ここで使用するのは、上下に分かれた二部式のオリジナル長襦袢です。さまざまな工夫がされていますが、下前と上前の合わせ方、衣紋《えもん》の抜き加減など、大切な着付けのポイントは、通常の長襦袢と同じです。

下の裾よけ部分を先につけて、その上から半襦袢を着るのが基本。胸紐はガーゼなので、胸を締め付けず楽に着られる。

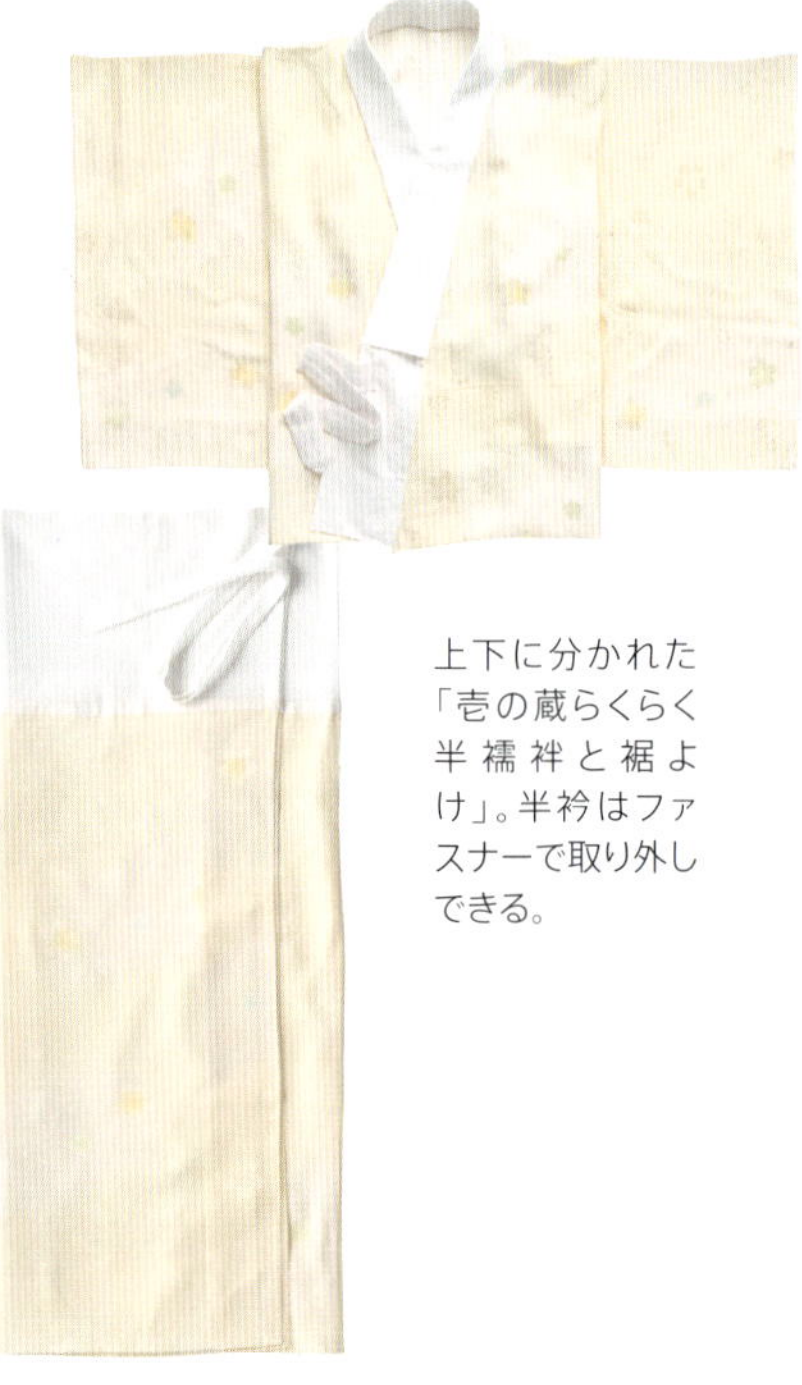

上下に分かれた「壱の蔵らくらく半襦袢と裾よけ」。半衿はファスナーで取り外しできる。

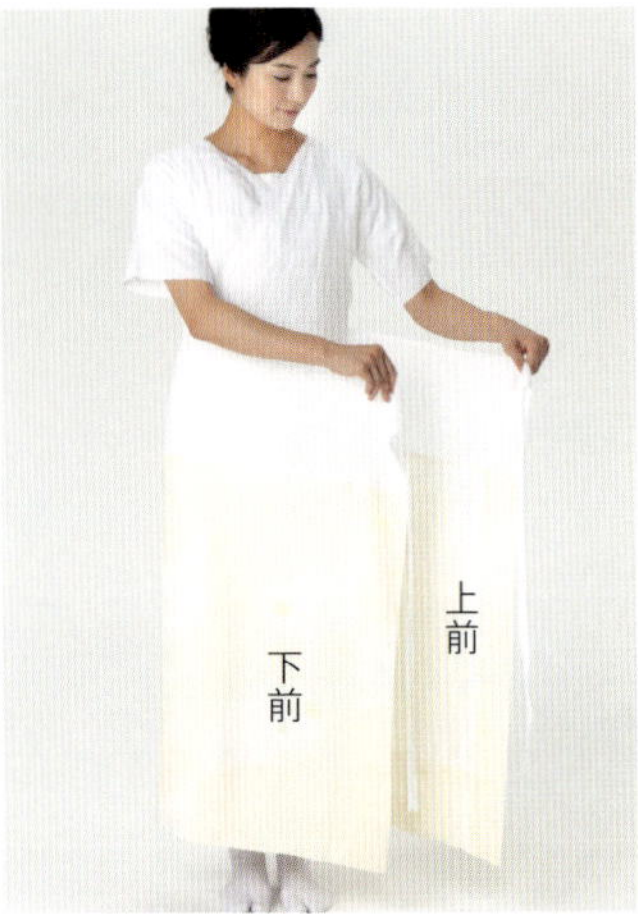

1 裾よけを後ろから腰に当て、両手で左右の紐元を持ちます。左手で持った上前の身幅を調整しながら、右手で持った下前を体に合わせていきます。

2 手を持ち替えて、左手で下前を押さえながら、右手で上前を引いて重ねます。

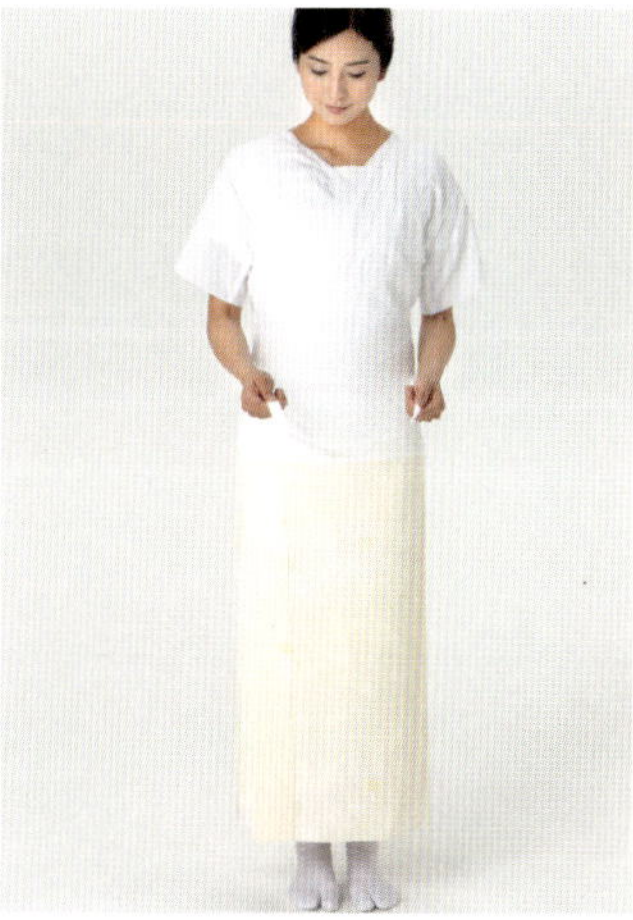

3 左右の紐を後ろにまわし、交差させてから前に戻します。

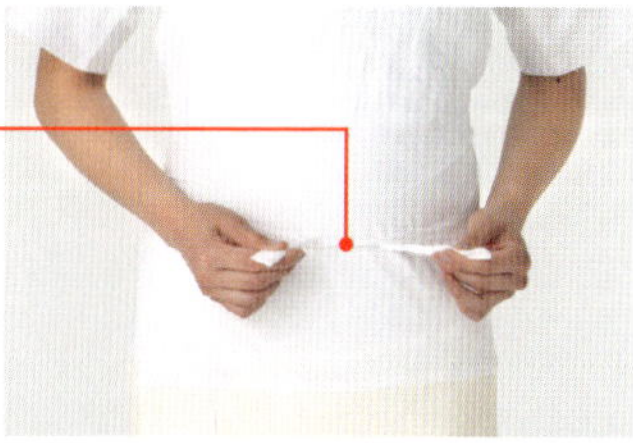
からげるだけで、結ばない

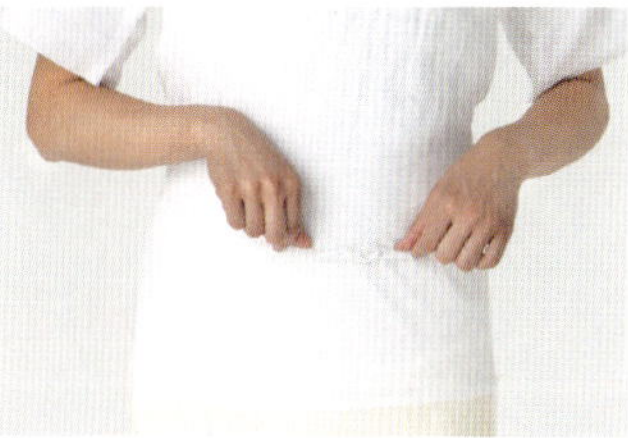

4 前にまわした紐を体の中央で2回からげて、紐端をはさみます。これで裾よけのでき上がり。

衣紋

5 半襦袢をはおり、背中心を合わせて、好みで衣紋の抜き加減を決めます。

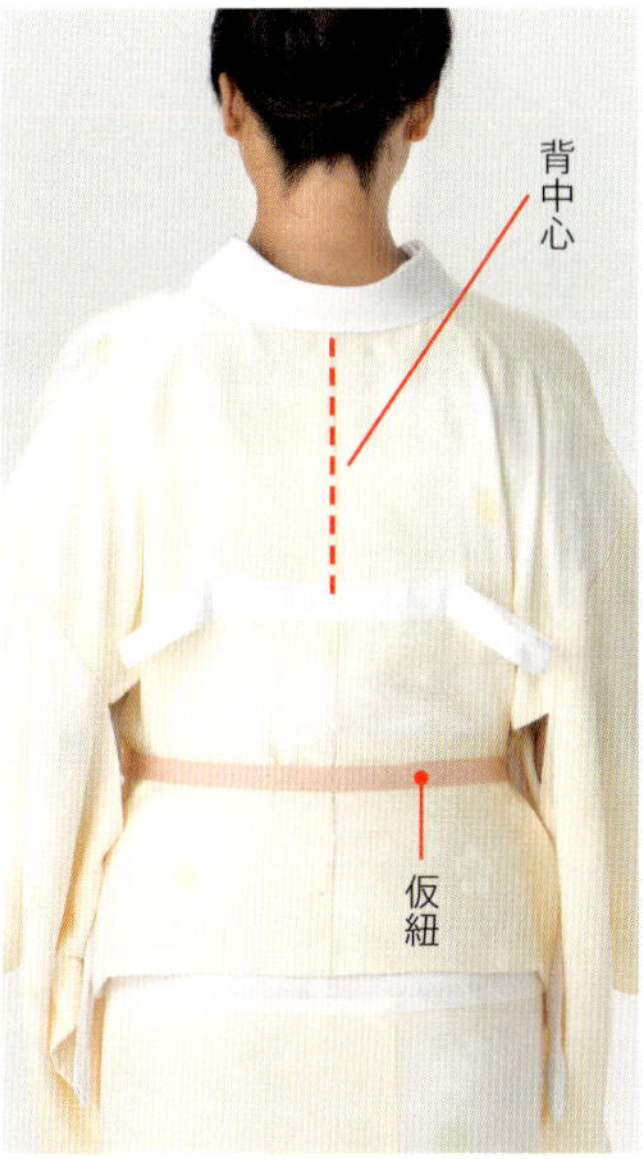
背中心
仮紐

6 後ろ身頃に仮紐を当て、前にまわして肌着の上で仮結びします。

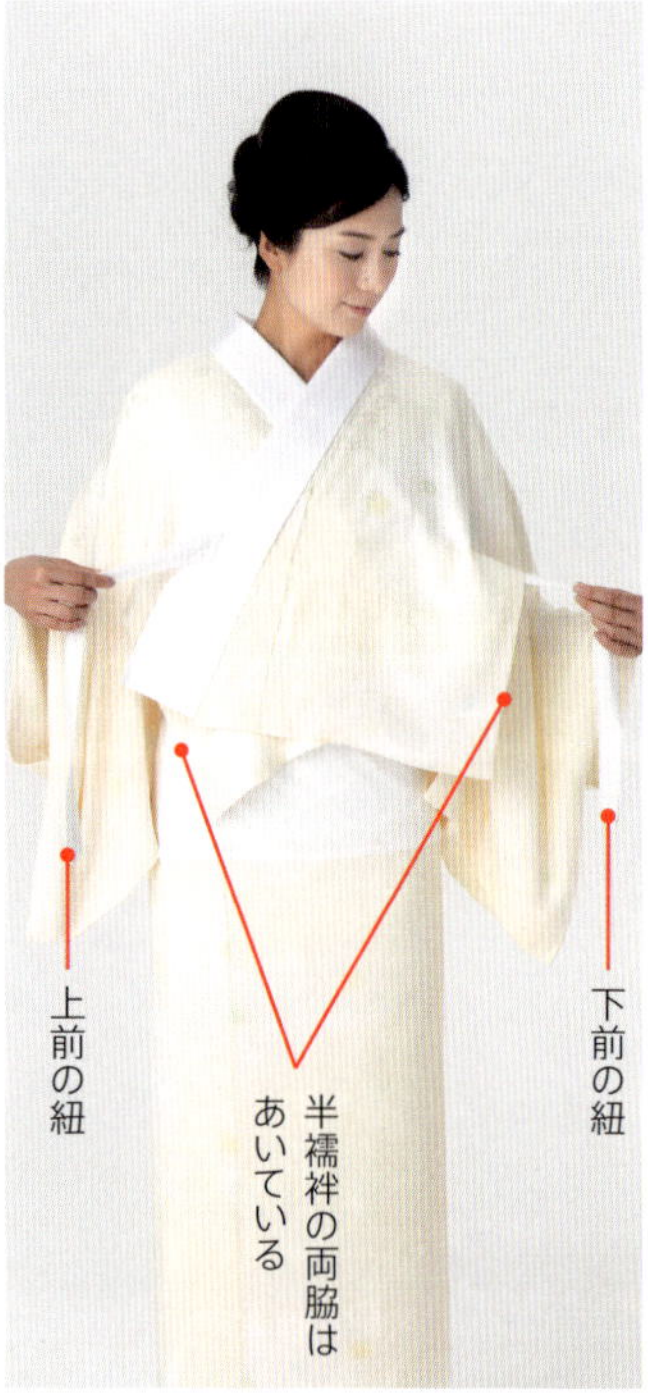
上前の紐
半襦袢の両脇はあいている
下前の紐

7 半襦袢の衿を合わせたら、左右の衿についている紐を持ちます。

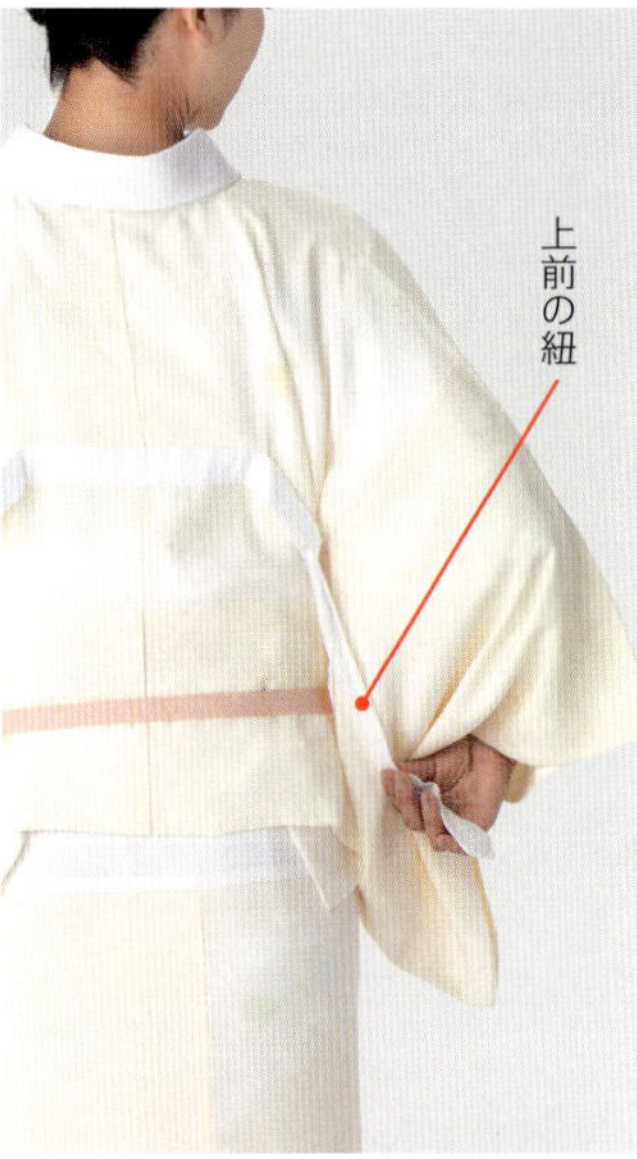
上前の紐

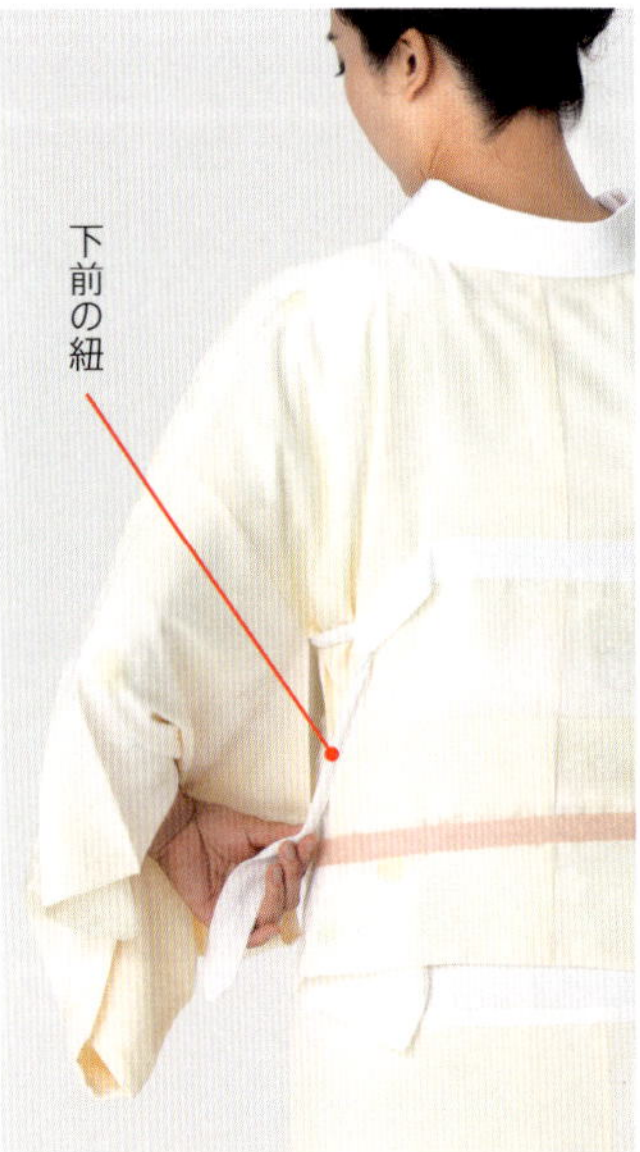
下前の紐

8 衿についている紐を、後ろ身頃についている左右のループ紐に通します。上前の紐は右側の輪に、下前の紐は左側の輪に通します。

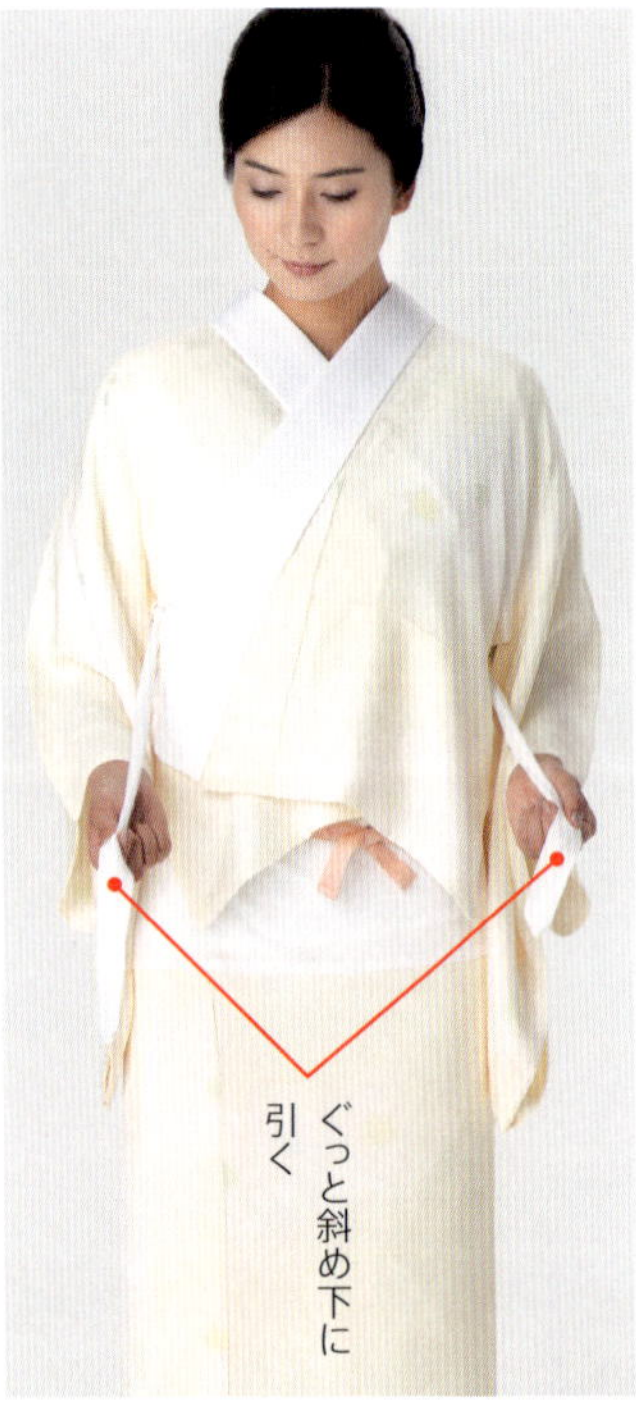
ぐっと斜め下に引く

9 左右の紐を斜め下に引きます。

万が一、衣紋がつまったときは、半襦袢だけ引けばOK。従来の長襦袢に比べて、手直しも楽にできる。

淡い色のきものの場合は、半襦袢を先に着て裾よけを後からつけると、表に響かない。

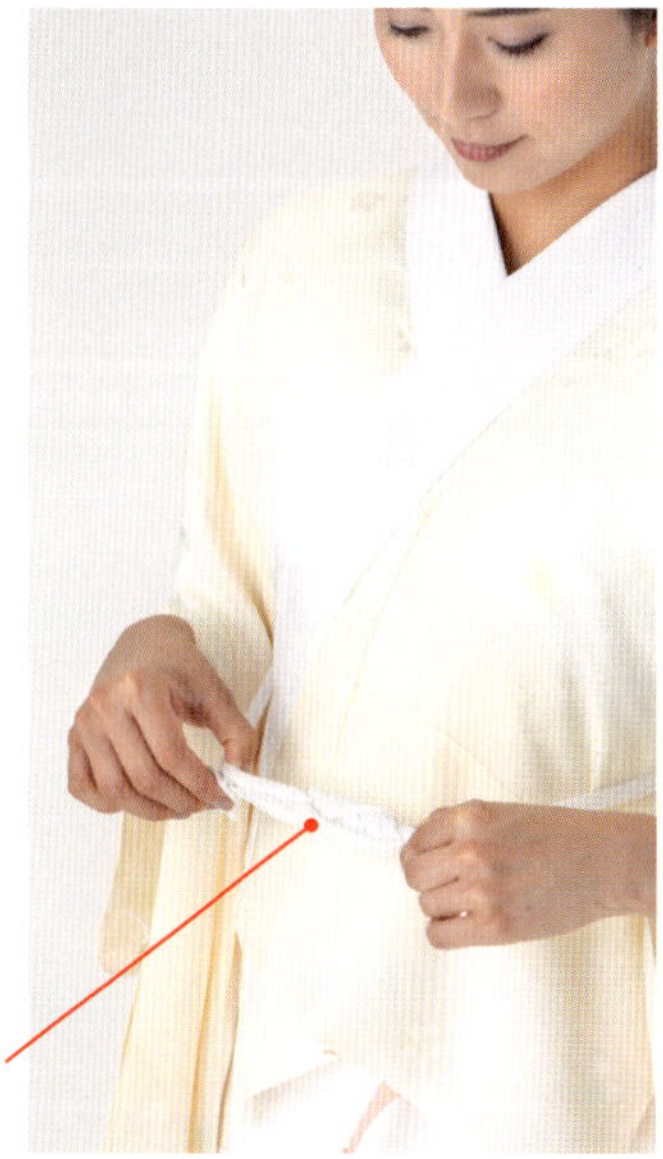

伸縮性のあるガーゼ紐は、しっかり結んでもこんなに余裕がある

10 左右の紐は前にまわし、2回からげて紐端をはさみ込みます。仮紐を外してでき上がり。

きもの

きものにはさまざまな種類がありますが、着付けの基本は、全てのきものに共通です。ここでは街着に最適な、紬を例に紹介します。

1

きものをはおったら、両方の掛け衿を合わせて背中心（きものの背縫い）を合わせ、きものの両衿を持ちます。

両腕を伸ばしたところを持つ

2

そのまま両手できものをいったん持ち上げ、下ろしながら足袋が見えるくらいに着丈を決めます。右手で持った下前を開き、左手で持った上前を合わせ、上前幅を決めます。

＊着丈はフォーマルなきものほど長くとる。その際は、草履の高さも考慮したい。

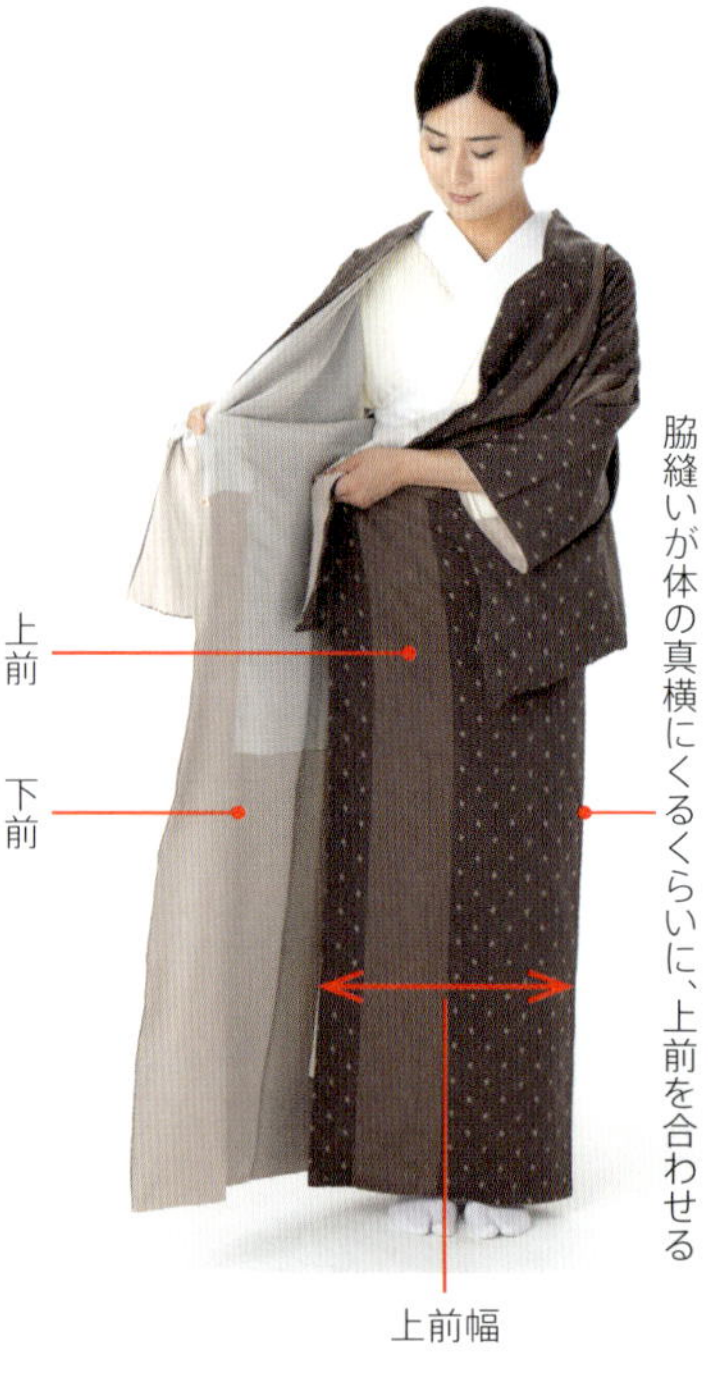
脇縫いが体の真横にくるくらいに、上前を合わせる
上前
下前
上前幅

3

褄

上前をいったん開き、下前を合わせてから、褄《つま》を10センチほど上げます。

＊紬などの硬い織りのきものは10センチ、小紋などの柔らかい染めのきものは15センチくらいを目安にする。

4

褄

上前を合わせて、褄を5センチほど（柔らかいきものは少し多め）上げ、腰骨の少し上に腰紐を当てます。

5

右手で上前を押さえたまま、左手で腰紐を左の腰骨の位置まで渡します。

6

腰紐は後ろで交差し、前に戻します。

7

前にまわした腰紐は、体の中央を外して、右側で結びます。腰に巻いた紐にくぐらせてから2回からげます。下の紐に輪を作って片結びにし、紐端をはさみ込みます。

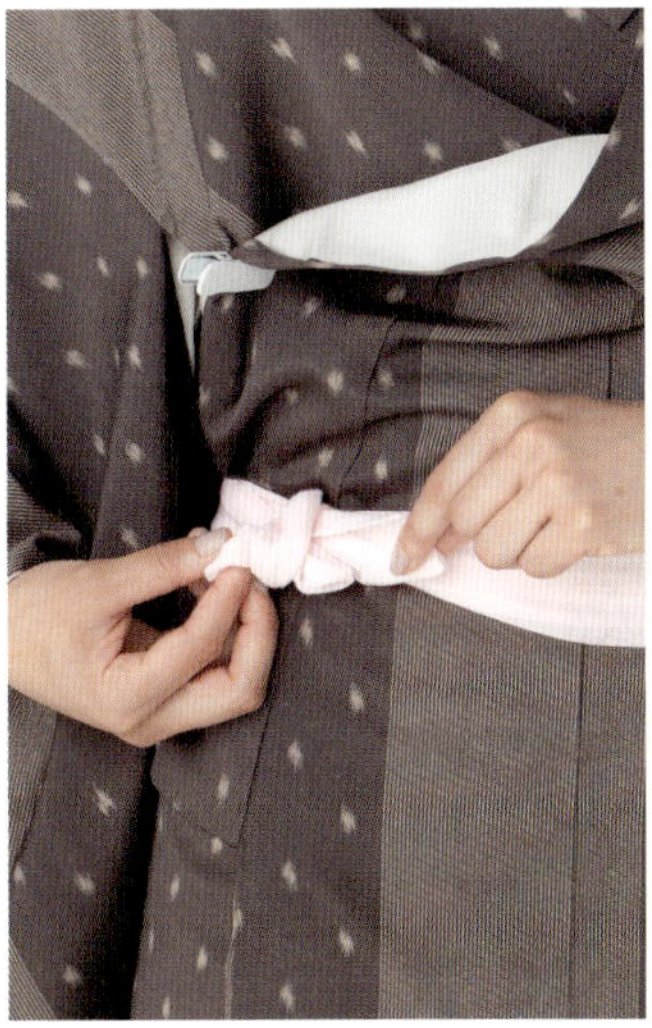

8

左右の身八《みや》つ口《くち》から両手を入れて、前後のおはしょりを整えます。それから、左の身八つ口から手を入れ、下前の衿を半衿に沿わせて、掛け衿の下くらいまで整えます。おはしょりを1枚にするため、下前の掛け衿の下から斜めに折り上げます。

9

下前に合わせて上前の衿を整え、おはしょりもきれいに整えます。

10

胸元が開いてこないように、バストの下に胸紐を当てて前で結び、でき上がり。胸紐は腰紐と同じように結びます。

衣紋もあまり抜きすぎないように。

カジュアルな紬の場合は、半衿の出具合を控えめにして着丈も短めにし、軽快に見せたい。

こんなときは どうするの?

着丈が短い場合

自分の寸法で誂《あつら》えたきものなら問題はありませんが、譲られたものやリサイクルのきものは、サイズが合わないものもあります。

着丈が短い場合は、おはしょりをとるのが難しいのですが、腰紐を通常の位置よりも下に結ぶことで、おはしょりが作りやすくなります。

かなり短い場合、おはしょりをとらずに着てもかまいませんが、腰紐を結んでみて、おはしょりに指が入ればOKなので、あきらめずに、まずは試してみましょう。

床に裾が最低10センチついていれば、おはしょりがとれる

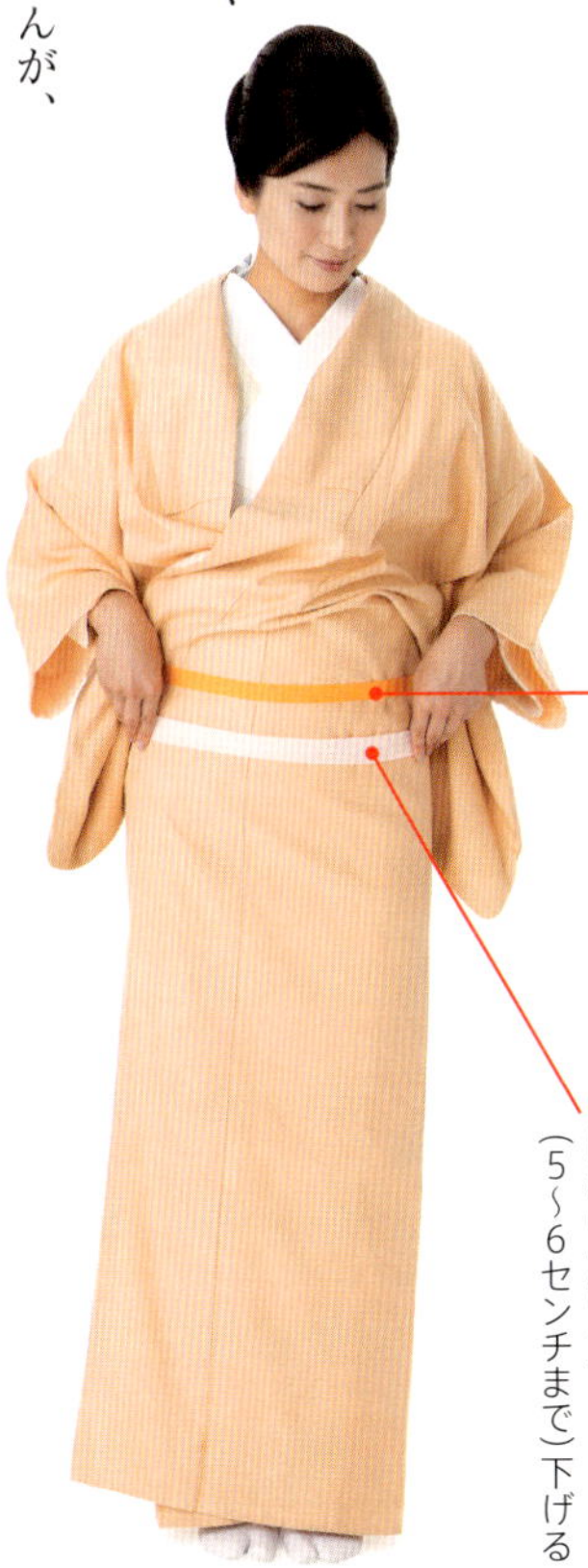

通常の腰紐の位置

腰紐の位置を少し（5～6センチまで）下げる

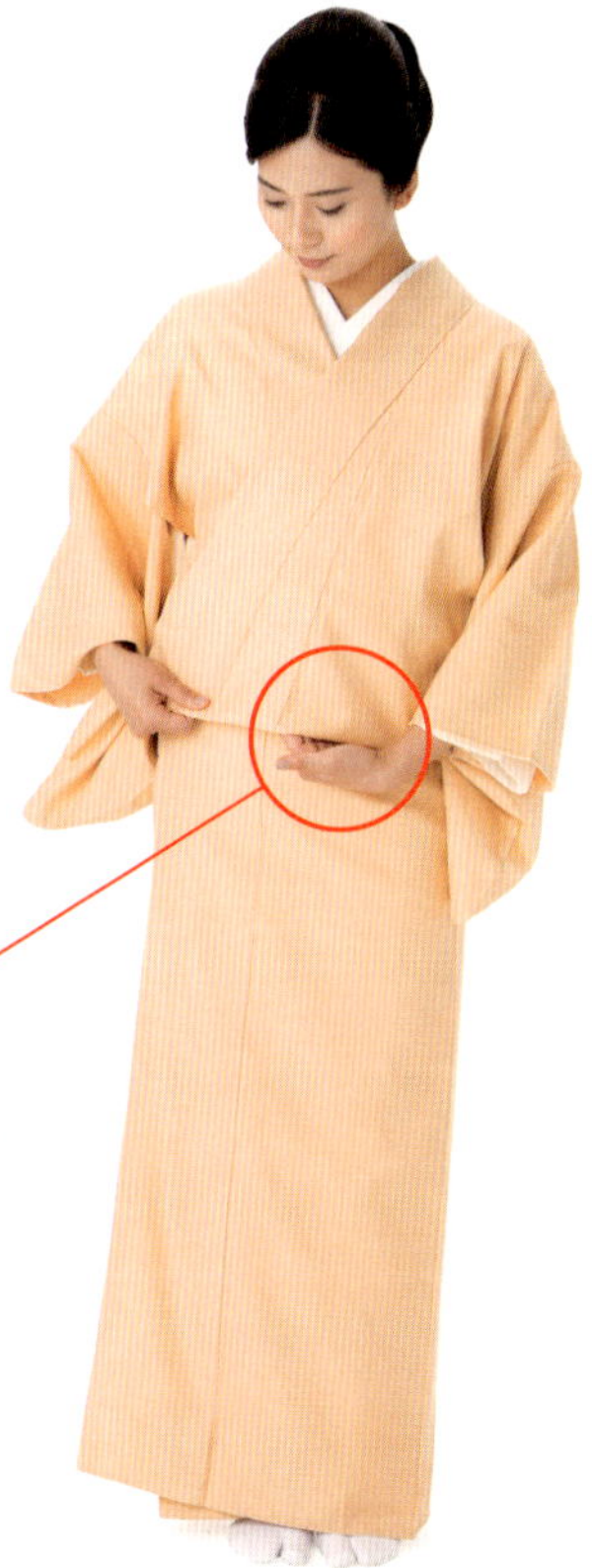

腰紐を結んでおはしょりを作り、おはしょりに指が入ればOK

着丈が長い場合

きものの着丈が長い場合は、腰紐を通常の位置よりも上に巻き、後ろで大きく交差させて前にまわします。

裾が床に20センチ以上つく場合は、おはしょりで調整を

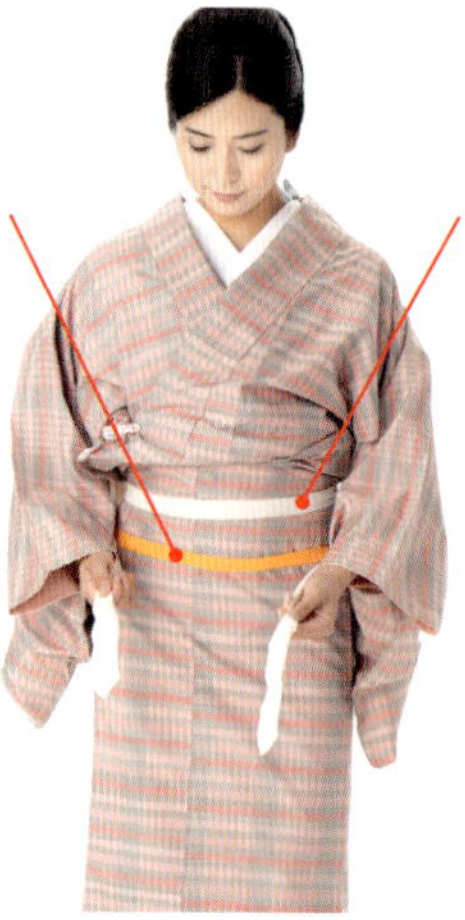

腰紐の位置を上げる

通常の腰紐の位置

1 腰紐を結ぶ位置を、通常より5〜6センチ上げたところで結びます。

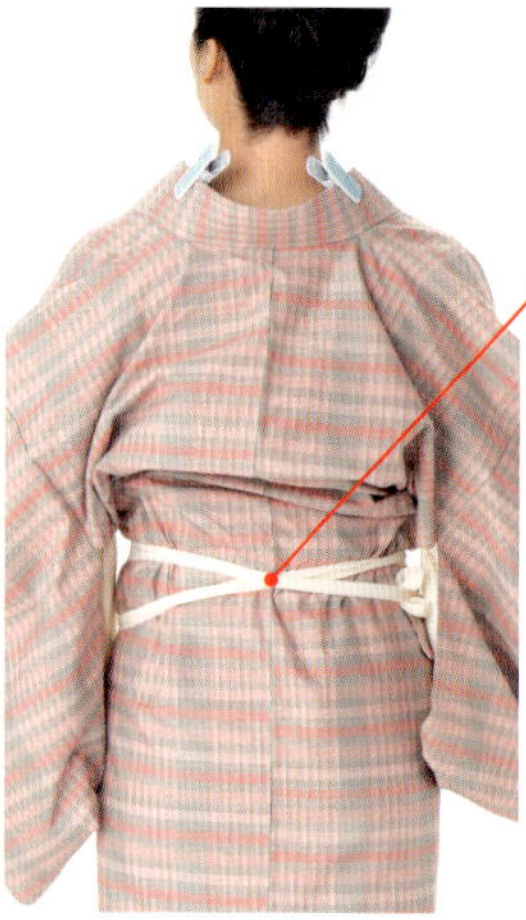

後ろから見ると、腰紐はバッテンになる

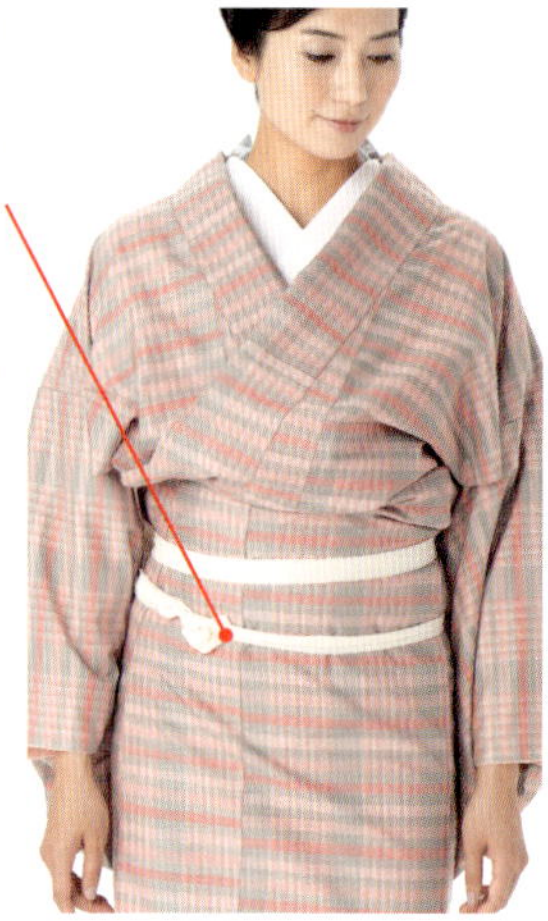

前は通常の腰紐の位置で結ぶ

2 腰紐は後ろで大きく交差させて前にまわしますが、前にまわした腰紐は通常の腰紐の位置で結びます。

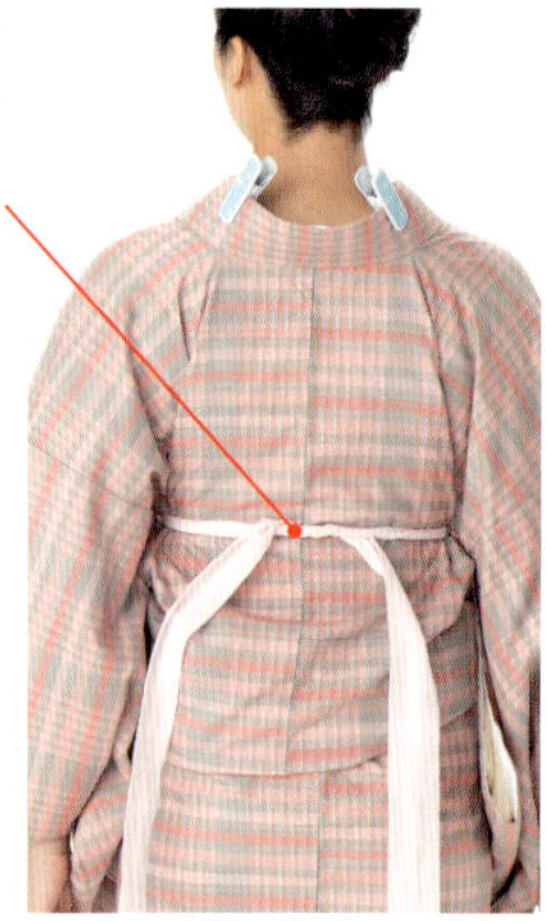

ガーゼ紐なので緩まない

3 おはしょりを整え、胸紐を当てて後ろでからげ、両手を放します。

4
おはしょりの長さを決め、余ったおはしょりを持ち上げます。

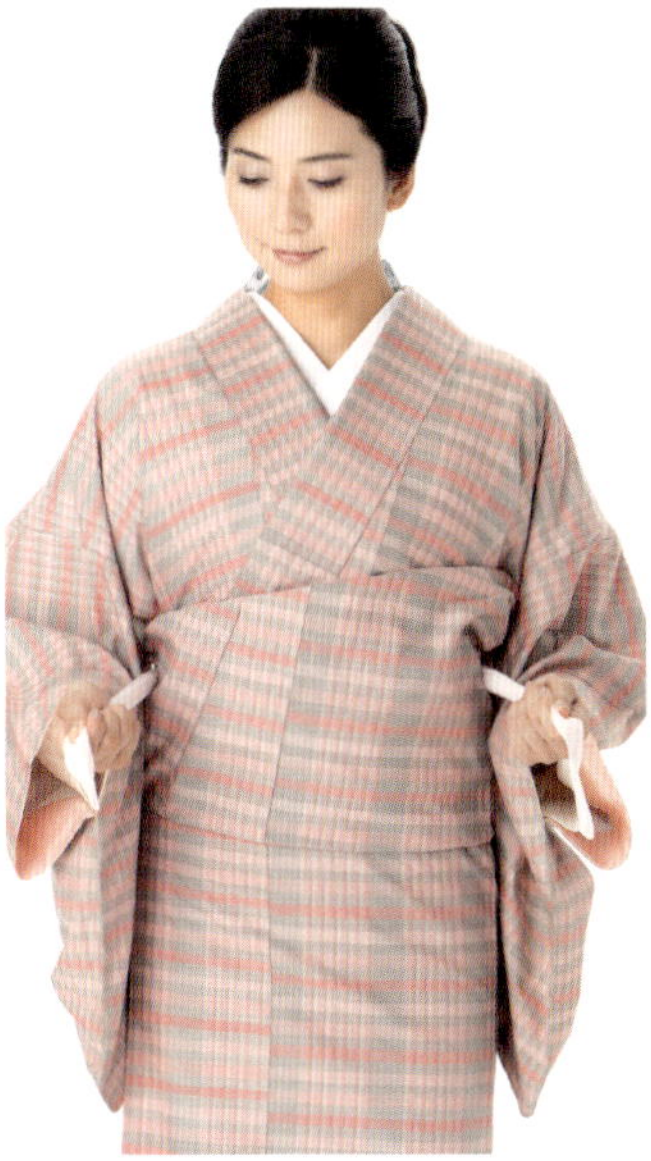

5
後ろの胸紐を交差させ、後ろのおはしょりの余りを胸紐にはさんで前にまわします。

6
胸紐は、最初に巻いた胸紐より下で結びます。おはしょりの余りを胸紐と胸紐の間から出し、おはしょりの上にかぶせるようにして整えます。

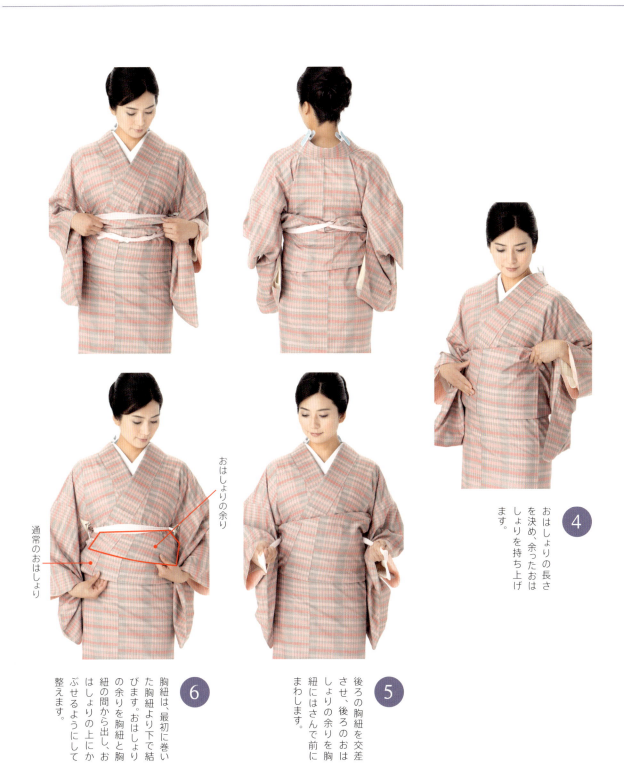

「見返り美人図」
元禄年間(1688～1704)前期
絹本着色
東京国立博物館蔵
江戸時代の画家・菱川師宣《ひしかわもろのぶ》(生年不詳～1694)による肉筆浮世絵。花丸文様の小袖に吉弥《きちや》結びを結んでいる。
Image:TNM Image Archives

帯結びの移り変わり

現代のきものには、和装独特の帯が必要で、それは実用性だけでなく、装いの仕上げには欠かせない装飾性も持っています。もともとは細い紐状のものだった帯は、時代とともに幅が広くなっていきました。現代のような帯の原型が生まれたのは、江戸時代です。当時の女性たちがどんな帯結びをしていたのか、浮世絵に描かれた装いをヒントにひもといていきましょう。

室町時代は細い布状の「平ぐけ帯」が一般的

帯結びがもっとも発達したのは江戸時代ですが、それ以前はどんな帯を結んでいたのでしょうか。ちょっと歴史を振り返ってみます。

飛鳥・奈良時代は、仏教の伝来とともに大陸文化が伝えられ、日本人の衣服にも中国を意識したものが流行りました。奈良県高市郡《たかいちぐん》明日香村《あすかむら》(国営飛鳥歴史公園内)にある「高松塚古墳《たかまつづかこふん》」(藤原京期694~710)の壁画には、当時の女官の衣服が鮮明に描かれています。その壁画を見ると、衣服の上に細い紐状のようなものを結んでいるのがうかがえます。

都が京都に遷《うつ》され、平安時代に入ると、少しずつ国風文化が進み、今度は日本の風土に合わせた装いに移行していきます。貴族たちは、白一色の肌着をつけ、その上に何枚も重ね着をしていましたが、この肌着として身につけていたものが、現代のきものの原型になったといわれています。

この時代は、袴《はかま》を着用していたために帯は必要なかったようですが、男性の束帯《そくたい》などには組紐《くみひも》が用いられ、これが桃山時代から江戸時代にかけて流行した名護屋帯《なごやおび》の元になったとの説もあります。

室町時代に入ると、重ね着ファッションから小袖《こそで》へと衣服が簡略化されました。小袖は、袖口の開きが狭い(小さい)きものということから名付けられました。

小袖は平安貴族が肌着として身につけていた衣服が進化したものですが、現代のきものと形状が同じなので、前が開かないように留めるものが必要です。この時代に使っていたのが「平《ひら》ぐけ帯」とよばれるもので、幅10センチ、長さ3メートルほどで、今でいう伊達締《だてじ》めのようなものでしょうか。かさばらず、簡単に結べる簡易帯です。戦が続いたこの時代は、衣服も動きやすく機能的なものが求められたのかもしれません。

この「平ぐけ帯」は幅や長さは変わっても、帯幅が広くなるまで使われ続け、帯としての役割を果たしてきたようです。

安土桃山時代から江戸時代中期は、紐状の「名護屋帯」が流行

その後、安土桃山時代になると、一時的に名護屋帯が流行しました。肥前《ひぜん》名護屋(現在の佐賀県)に中国の明《みん》から伝わった長い帯をアレンジしたものです。絹製の組紐帯は、太さ1寸(3・8センチ)、長さ1丈(約3・8メートル)で、紐の両端には房がついています。

これを腰に幾重にも巻きつけて、片わな結び(片結び)や蝶結びで結んだようで、この紐状の名護屋帯は、江戸時代中期まで用いられました。同じ名前ですが、今の「名古屋帯」とは全く違うものです。

一時的に流行した名護屋帯は、主に少女や遊女に好まれたという。胴に数回まわして、蝶結びなどにする。『帯の變遷史』(吉川観方《かんぽう》著・いづくら商事・1964年発行)より。

江戸時代は幅の広い帯が登場し、「吉弥結び」や「水木《みずき》結び」が大人気

江戸時代に入ると、戦のない平和な時代がやってきました。人々の暮らしも落ち着き、独特の文化が芽生え始めます。衣服もその一つで、江戸時代はさまざまな染織の技法が生まれ、発展した時代です。

江戸時代初期の一般庶民は、裾《すそ》の短いきものに幅の狭い帯を結んでいましたが、中期ごろから帯の幅が広がっていきます。帯幅は9寸（約34センチ）、長さは1丈（約3・8メートル）以上と今と変わらないサイズに。そのきっかけを作ったのは、当時人気の歌舞伎役者です。

まず、江戸時代初期に活躍した歌舞伎役者の初代上《うえ》村《むら》吉弥《きちや》（出自生没年不明）は、延宝《えんぽう》年間（1673〜1681）に、これまでとは違う帯を考案し、舞台に立ちました。当時の女性が結んでいた帯は、幅の狭い布を体に巻くだけ。それが布の幅も広くなり、何より結んだ形が華やかで新鮮でした。

どんな形かといえば、明治28（1895）年発行の『近《きん》世女風俗考《せいおんなふうぞくこう》』（生川春明《なるかわはるあきら》編）には、「唐犬の耳たれたる如く〜」と、記されています。結んだ形が中国の犬のように、両耳がだらりと垂れたように見えるということです。吉弥は京都・祇園で見かけた女性の帯結びからヒントを得たといわれています。

舞台では、垂らした帯の両端に鉛を入れ、だらりとした感じをより強調。この結び方は当時の女性たちに人気を博し、「吉弥結び」と名付けられました。138ページの「見返り美人図」に描かれた女性の帯結びで、片側が輪になるように片わな結び（片結び）をして、たれを少し垂らしただけですが、女性らしく優雅な印象です。

一世を風靡《ふうび》した「吉弥結び」は長い間結ばれていましたが、次第に形が進化していき、江戸中期以降は貝の口や矢の字のような結び方も「吉弥結び」と称されるようになりました。そのため、「見返り美人図」の結び方を、「初期の吉弥結び」とよぶ場合があります。

風呂屋からの帰りらしく、洗い髪で左肩に豆絞りの手ぬぐいをかけている。絞りの浴衣に伊達締めのような紐をラフに巻いただけ。女性が見ているのは、「竹馬切れ売り」の布ぎれ。当時の女性は、このはぎれで掛け衿や腰紐などを作ったという。「江戸名所百人美女　木場」（部分）3代目歌川豊国画　1857年／国立国会図書館蔵

吉弥結びと並んでよく知られているのが、「水木結び」です。元禄期を代表する女形・初代水木《みずき》辰《たつ》之助《のすけ》（1673〜1745）が考案したもので、「吉弥結び」のたれをさらに長く垂らした形です。

背の高い辰之助は、欠点をカバーするために長い帯で結び、たれをかなり長くとっています。「吉弥結び」のアレンジですが、長いたれは、さらに女性たちを華やかに見せ、こちらも大人気になりました。

江戸時代中期は、女性の髪型が大きくなったため、バランスをとるためにボリュームのある帯結びが好まれ、当時の浮世絵に登場する多くの女性が、この「水木結び」を結んでいます。

「吉弥結び」のたれを長くした「水木結び」を結んだもの。現代の文庫結びに似ている。『帯の變遷史』（吉川観方著・いづくら商事・1964年発行）より。

「吉弥結び」、「水木結び」に続いて、江戸中期の歌舞伎役者・3代目村山平十郎《むらやまへいじゅうろう》（出自生没年不明）による「平十郎結び」も登場します。平十郎結びはこれまでの結び方と異なり、縦一文字に結ぶもので、さまざまなアレンジ結びが生まれました。

この縦に結ぶ方法は、振袖の帯結びの一つである「立て矢」をイメージすると、わかりやすいかもしれません。

その後、2代目瀬川菊之丞《せがわきくのじょう》（1741〜1773）は、「路考《ろこう》結び」を考案します。菊之丞は容姿に優れ、当時の江戸の人気を集めた女形で、路考とは彼の俳号です。帯結びのほかに、髪型の「路考髷《まげ》」、衣服の色の「路考茶《ちゃ》」、髪飾りの「路考櫛《ぐし》」などの流行を生みました。「路考結び」とは、今でいう角出しのような結び方です。

江戸時代の浮世絵を見ていると、帯を前で結んでいる姿も多く描かれています。当時は、大きく分けて、前結びと後ろ結びがあったようです。

江戸時代の女性の髪型や衣服について記された書物の装いのページには、当時流行した「水木結び」（左）、「かるた結び」（右）などが紹介されている。「かるた結び」については、104ページでアレンジを紹介している。『近世女風俗考』（生川春明編）1895年／国立国会図書館蔵

前結びでもっとも印象的なのは、吉原の花魁《おいらん》です。豪華な幅広の帯を前で結んでいますが、この理由には諸説あります。花魁は吉原の中では最高の地位にあり、教養と美貌、客あしらいにも秀でた遊女です。そんな花魁の格は、きものや帯、簪《かんざし》などの身につけていたものにも現れ、前結びはその価値をアピールするためのアイディアという説も。帯で一番美しい柄が見える部分を、自分の顔とともに正面に配置したのでは、というわけです。

こうした特別な帯とは別に、一般人の間でも、前結びが見られます。その頃は、既婚者は前に結び、未婚者は後ろで結ぶ、とされたようですが、明確なルールはありませんでした。実際に、帯が大きく長くなるにつれて、前結びは日々の暮らしの邪魔になり、徐々に後ろで結ぶことが主流になっていったのでしょう。

高価そうなきものに格式のある正倉院文様の帯を前で結んでいる。帯結びは「路考結び」系。帯の下には、外出時に長い裾をたくし上げて固定する（当時はおはしょりをとらずに着ていた）「しごき」を結んでいる。「江戸名所百人美女　堀切菖蒲」（部分）3代目歌川豊国画　1857年／国立国会図書館蔵

網目模様のきものに、博多献上と三筋格子《みすじごうし》の帯を縦結びにしている。仕事をする女性には、横に広がる結び方より縦結びのほうが動きやすかったのかもしれない。「江戸名所百人美女　浅草寺」（部分）3代目歌川豊国画　1857年／国立国会図書館蔵

２００種類以上の帯結びが生まれた江戸時代、ついに「お太鼓結び」が登場

お太鼓結び発祥の地ともいえる亀戸天神の太鼓橋を描いたもの。境内には、女橋と男橋の２つの太鼓橋がある。古くから藤の名所としても知られ、春には藤祭りが開催される。「名所江戸百景　亀戸天神境内」歌川広重画　1856～1858 ／国立国会図書館蔵

江戸時代は小袖の流行とともに、女性たちのお洒落心が開花した時代でもありました。「吉弥結び」「水木結び」「平十郎結び」「路考結び」のほか、「文庫結び」「だらり結び」「引き上げ結び」「島原結び」「ちどり結び」「かるた結び」など、たくさんの帯結びが考案され、活用されました。

　これらの帯結びに共通するのは、帯を結ぶのに、帯揚げと帯締めを使わないことです。今のように帯の幅を半分に折ることもせず、開いたままで胴にゆるゆると巻き、前や後ろでゆったりと結ぶだけ。現代の結び方から見ると、動いたらすぐにほどけてしまうのではと心配になるほどの、楽ちん結びです。

　文化《ぶんか》14（1817）年、江戸の亀戸天神《かめいどてんじん》で太鼓橋《たいこばし》の再建記念のお祭りが行われ、連日大勢の人で賑わいました。そんなとき、深川の芸者が参拝に訪れました。芸者の正装といえば、黒い紋付きのきものに、帯は博多献上《はかたけんじょう》で長いたれを垂らした「柳結び」を結ぶのが決まり。この帯結びは、本角出し（80ページ）のように引き抜き結びをして、お太鼓を作らずにたれをそのまま下に垂らします。

　傾斜のある亀戸天神の橋を渡るのに、帯が邪魔だったのかもしれません。帯の長いたれを紐で留めて、しゃなりしゃなりとお太鼓橋を渡ったのです。このときの帯の形が新鮮に映り、「お太鼓結び」とよばれるようになって、一大ブームを巻き起こすことになります。

　おそらく、だらりと垂れていたたれを、ずり落ちてこないように紐で留めたために、たれが膨らんでお太鼓橋のような形になったのでしょう。橋の形になぞらえて、帯枕のようなものを入れて膨らませたという説もありますが、詳細は不明です。

　この「お太鼓結び」は瞬く間に芸者の間で流行しましたが、一般の女性の間に広まったのは明治40（1907）年頃からといわれています。「お太鼓結び」が一般化されるにつれて、帯揚げや帯締めも作られるようになりました。こうした小物のおかげで帯が体に密着し、緩んだり形が崩れたりする心配も減りました。

「お太鼓結び」が現在まで続いてきたのは、こうした実用面でのメリットも影響しているのかもしれません。

　多様な帯結びが登場するなか、江戸時代の女性が主に締めていたのは、九寸幅の帯で、長さも今とそれほど変わりません。江戸初期には、すでに京都・西陣《にしじん》で縮緬《ちりめん》や繻子《しゅす》、綾織《あやおり》、綸子《りんず》などが

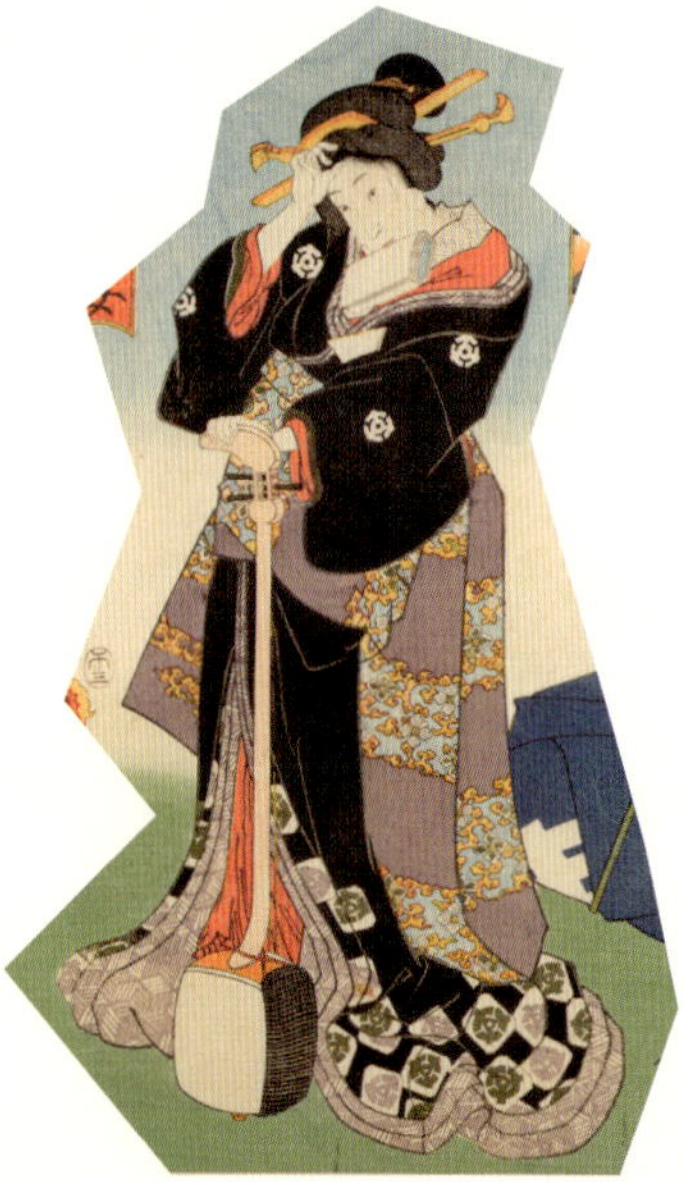

深川芸者の結んでいた「柳結び」は、こんなイメージ？長いたれを紐で結んで、太鼓橋を渡ったといわれる。「江戸名所百人美女　よし町」（部分）３代目歌川豊国画　1857年／国立国会図書館蔵

織られ、中期には錦織《にしきおり》や金襴緞子《きんらんどんす》などの豪華な帯地も生まれました。これらの帯に芯《しん》を入れて用いていたようです。

やがて、表と裏が違う布で仕立てられた「昼夜帯《ちゅうやおび》」が考案され、文化文政期に大流行します。なかでも、表は柄、裏は黒地の繻子で作られた昼夜帯は、通称「鯨帯《くじらおび》」とよばれました。この時代、丸帯《まるおび》はすでに使われていましたが、主に裕福な武家や商人のもの。庶民の味方が、この昼夜帯でした。浮世絵にも、昼夜帯を角出し風の路考結びにした姿が多く描かれています。

現代の帯は、主にフォーマル用の袋帯、普段使いの名古屋帯が主流です。名古屋帯は大正時代に、袋帯《ふくろおび》は昭和に入って、丸帯の代わりの帯として考案されたもの。さらに、八寸《はっすん》名古屋帯（袋名古屋帯）も昭和初期に登場。帯は変わっても、変わらないのは「お太鼓結び」です。

江戸時代に比べると、女性の暮らしや生き方、体型、容姿、髪型、あらゆるものが変化し、きものの着方もきりっとした仕上がりが美しいとされる時代です。帯もそれに合わせて、四角形のかっちりとしたフォルムが求められる傾向にあります。とはいえ、同じ帯結びでも結ぶ人によって手順は異なり、仕上がりの表情も変わります。その微妙な変化を楽しむのが、現代の帯結びの醍醐味です。

天保・弘化（1830〜1848）頃に流行した「おたか結び」や「おいそ結び」のような結び方を再現したもの。丸帯で結んでいる。『帯の變遷史』（吉川観方著・いづくら商事・1964年発行）より。

明治32（1899）年に描かれた錦絵。花嫁の帯を結んでいる紋付き姿の女性は、帯揚げと帯締めらしきものを用いて、お太鼓結びにしている。『風俗錦絵雑帖　美人十二ヶ月　其十一 嫁』宮川春汀《しゅんてい》画　1899年／国立国会図書館蔵

大柄の格子のきものに昼夜帯を縦結びにしている。表を黒にして、赤い模様を裏に使う、粋な使い方。「江戸名所百人美女　駒形」（部分）3代目歌川豊国画　1857年／国立国会図書館蔵

弓岡勝美（ゆみおか・かつみ）

上質なアンティークきもの、リサイクルきものを扱うきものの店「壱の蔵」を経営する傍ら、きもの研究家、きものコーディネーター、ちりめん細工作家としても活躍。フリーのヘア・メイクアップアーティストとしてキャリアを積み、きものの着付けやコーディネートを手がけ、雑誌、写真集、映画、CMなどの仕事に携わる。その後、趣味のアンティークきもの収集が高じて、お店をオープン。現在は、東京・成城、銀座・松屋のほか、表参道にきものギャラリー「壱の蔵 青山サロン」がある。きものや帯の歴史、和文化全般に造詣が深く、マンツーマン指導による着付け講座も開催している。監修・著書に、『アンティーク着物』『アンティーク振袖』『帯と文様』『きものレッスン12ヶ月』『おとなの半幅帯結びスタイルブック』（以上世界文化社）、『ちりめんのお細工物』（日本ヴォーグ社）、『明治・大正・昭和に見るきもの文様図鑑』（平凡社）など多数。

監修	弓岡勝美
ブックデザイン	有限会社スパイス
撮影	久保田彩子（世界文化社）
モデル	井上貴美、齊木由香、森山雅智
コーディネート、着付け	春日ノリヲ
ヘア&メイク、着付け	瑳峨直美
校正	株式会社円水社
編集	宮下信子
	古谷尚子（世界文化社）
撮影協力店	壱の蔵 青山サロン ☎ 03-6450-5701
	東郷織物 ☎ 0986-22-1895
	遊禅庵 ☎ 075-223-5293

自分で結ぶ 結んであげる
10分でキレイに結ぶ 帯結びの基本
発行日　2019年10月10日　初版第1刷発行

監　修	弓岡勝美
発行者	秋山和輝
発　行	株式会社世界文化社
	〒102-8187
	東京都千代田区九段北4-2-29
	電話　03-3262-5751（編集部）
	電話　03-3262-5115（販売部）
DTP製作	株式会社明昌堂
印刷・製本	株式会社リーブルテック

ISBN 978-4-418-19421-6